스토미 오마샨
남편을 돕는 기도는 따로 있다

스토미 오마샨 지음 | 안지영 옮김

생명의말씀사

THE POWER OF A PRAYING ® WIFE DEVOTIONAL
by Stormie Omartian

Copyright © 2011 by Stormie Omartian
Published by Harvest House Publishers
Eugene, Oregon 97402 USA.
www.harvesthousepublishers.com
All rights reserved.

Korean Edition published by Word of Life Press, Seoul, 2012
Translated and published by permission.
Printed in Korea.

남편을 돕는 기도는 따로 있다

ⓒ **생명의말씀사** 2012

2012년 4월 30일 1판 1쇄 발행
2012년 5월 5일　　　 2쇄 발행

펴낸이 | 김창영
펴낸곳 | 생명의말씀사

등록 | 1962. 1. 10. No.300-1962-1
주소 | 서울 종로구 송월동 32-43(110-101)
전화 | 02)738-6555(본사) · 02)3159-7979(영업)
팩스 | 02)739-3824(본사) · 080-022-8585(영업)

기획편집 | 정순화, 김지혜
디자인 | 박소정
인쇄 | 영진문원
제본 | 정문바인텍

ISBN 978-89-15983-3(03230)

저작권자의 허락없이 이 책의 일부 또는 전체를
무단 복제, 전재, 발췌하면 저작권법에 의해 처벌을 받습니다.

스토미 오마샨

남편을 돕는
기도는
따로 있다

또 새 영을 너희 속에 두고
새 마음을 너희에게 주되 _ 겔 36:26

너희가 기도할 때에 무엇이든지 믿고 구하는 것은
다 받으리라 하시니라 _ 마 21:22

contents

■ 이 책을 쓴 이유 ｜ 10

01 내가 애정 표현을 해야 할 때 ｜ 16
02 남편이 하나님의 법칙을 알아야 할 때 ｜ 18
03 우리가 양육 방식을 합의해야 할 때 ｜ 20

04 내가 하나님을 신뢰해야 할 때 ｜ 22
05 남편이 결정을 내려야 할 때 ｜ 24
06 우리가 대화법을 개선해야 할 때 ｜ 26

07 내가 남편을 위해 기도하기 힘들 때 ｜ 28
08 남편이 태도를 개선해야 할 때 ｜ 30
09 우리가 침묵을 깨야 할 때 ｜ 32

10 내가 신경이 곤두서는 상황을 극복해야 할 때 ｜ 34
11 남편이 말하는 방식을 고쳐야 할 때 ｜ 36
12 우리가 기도 응답을 받아야 할 때 ｜ 38

13 내가 남편에게 고백해야 할 때 ｜ 40
14 남편이 내 말에 귀 기울여야 할 때 ｜ 42
15 우리 사이에 깊은 대화가 필요할 때 ｜ 44

16 내가 주님을 닮기 원할 때 ｜ 46
17 남편이 사과해야 할 때 ｜ 48
18 우리 부부에게 삶의 활력이 필요할 때 ｜ 50

19 내가 남편에게 실망했을 때 ｜ 52
20 남편에게 새 방향이 필요할 때 ｜ 54
21 우리에게 진정한 사랑이 필요할 때 ｜ 56

내가 나쁜 습관을 버려야 할 때 | 58
남편의 짐이 무거울 때 | 60
우리에게 하나님의 능력이 필요할 때 | 62

내가 유쾌하게 말해야 할 때 | 64
남편이 파괴적인 행동을 멈춰야 할 때 | 66
우리가 서둘러서는 안 될 때 | 68

내가 기대치를 수정해야 할 때 | 70
남편이 두려움에서 벗어나야 할 때 | 72
우리가 사탄의 거짓말을 분별해야 할 때 | 74

내가 집안일을 잘해야 할 때 | 76
남편이 마음을 바꿔야 할 때 | 78
우리가 서로를 최우선 순위로 삼아야 할 때 | 80

내가 아내의 역할을 재확인해야 할 때 | 82
남편의 직업에 주님의 인도가 필요할 때 | 84
우리가 빚을 청산해야 할 때 | 86

내가 끈기 있게 기도해야 할 때 | 88
남편이 단기간 떠나야 할 때 | 90
우리가 우울증에서 벗어나야 할 때 | 92

내가 남편을 믿을 수 없을 때 | 94
남편이 예수님과 동행하기를 바랄 때 | 96
우리가 성적으로 보호받아야 할 때 | 98

내가 남편을 존경해야 할 때 | 100
남편이 비전을 잃어버렸을 때 | 102
우리가 가정의 목적을 기억해야 할 때 | 104

내가 부정한 생각을 할 때 | 106
남편이 주님이 주신 자유를 찾아야 할 때 | 108
우리가 합심해야 할 때 | 110

내가 남편을 세워 줘야 할 때 | 112
남편이 용서하기 힘든 일을 저질렀을 때 | 114
우리에게 경제적인 지혜가 필요할 때 | 116

나에게 내적 부흥이 필요할 때 | 118
남편의 마음에 평안이 없을 때 | 120
우리가 새로운 시각을 가져야 할 때 | 122

내가 사과해야 할 때 | 124
남편이 이기심을 버려야 할 때 | 126
우리가 주님의 공급하심을 바랄 때 | 128

내가 집을 안식처로 만들려 할 때 | 130
남편이 분노를 버려야 할 때 | 132
우리가 자녀에게 복음을 나눠야 할 때 | 134

내가 남편의 사랑을 느껴야 할 때 | 136
남편이 결혼을 당연한 것으로 여길 때 | 138
우리에게 기도 중보자가 필요할 때 | 140

내가 잔소리를 멈춰야 할 때 | 142
남편이 하는 일에 주님의 은총이 필요할 때 | 144
우리가 갈등을 끝내야 할 때 | 146

내가 마음을 바꿔야 할 때 | 148
남편이 재정적인 축복을 추구할 때 | 150
우리의 생활을 간소화해야 할 때 | 152

내가 미래의 소망을 잃어버렸을 때 | 154
남편이 주님의 길에 있어야 할 때 | 156
우리가 염려해서는 안 될 때 | 158

내가 이혼을 생각할 때 | 160
남편이 장기간 떠나야 할 때 | 162
우리가 한 몸을 이뤄야 할 때 | 164

내가 감정이 회복되어야 할 때 | 166
남편이 다쳤을 때 | 168
우리 안에 말씀이 살아야 할 때 | 170

내가 변화되어야 할 때 | 172
남편이 부모와 화목해야 할 때 | 174
우리가 성적 불결에 저항해야 할 때 | 176

내 몸을 관리해야 할 때 | 178
남편이 즐거운 마음을 가져야 할 때 | 180
우리가 성관계에 합의해야 할 때 | 182

내가 타인을 용서해야 할 때 | 184
남편이 하나님 아버지를 알아야 할 때 | 186
우리가 선을 이루실 하나님을 신뢰해야 할 때 | 188

내가 온유한 심령을 가져야 할 때 | 190
남편이 가족을 부양해야 할 때 | 192
우리가 자기주장에 갇혔을 때 | 194

내가 현숙한 아내가 되기 원할 때 | 196
남편이 적절한 말을 해야 할 때 | 198
우리가 굳게 서야 할 때 | 200

내 마음에 분노가 가득할 때 | 202
남편의 마음에 유혹이 들어올 때 | 204
우리가 생명의 면류관을 바랄 때 | 206

나를 통해 주의 사랑이 전해져야 할 때 | 208
남편이 치료되어야 할 때 | 210
우리가 한마음이 되어야 할 때 | 212

내 앞에 놓인 선한 일들을 알아야 할 때 | 214

이 책을 쓴 이유

만일 『아내의 기도로 남편을 돕는다』를 처음부터 다시 써야 한대도 책의 내용에는 변함이 없을 것이다. 다만 『아내의 기도로 남편을 돕는다』를 탈고한 이후 주님은 내게 기도하는 아내에 관해 여러 가지를 가르쳐 주셨고, 그 점을 독자들과 나누고 싶어 이 책을 쓰게 되었다.

무엇보다 이 책에는 아내를 위한 기도가 이전 책에 비해 훨씬 더 많이 포함되어 있다. 실제로 이 책의 3분의 1은 아내를 위한 기도로 이루어져 있다. 또 다른 3분의 1은 남편을 위한 기도고, 나머지 3분의 1은 부부를 위한 기도다. 그러나 나는 이 세 종류의 기도를 '나', '남편', 그리고 '우리'라는 각각의 장으로 나누지는 않았다. 그 대신 아내, 남편, 부부를 위한 기도가 연이어 나오도록 했다. 말하자면 이 세 기도가 한 세트로 구성되도록 해 둔 것이다.

이렇게 구성한 이유는 아내를 위한 기도, 남편을 위한 기도, 부부를 위한 기도, 이 세 가지 형태의 기도가 조화를 이루어야 견고한 결혼 생활이 유지될 수 있다고 믿기 때문이다.

당신은 아내로서 당신 자신을 위한 기도가 결혼 생활에 얼마나 중요한 비중을 차지하는지 알고 있는가? 아내들은 정작 자신을 위한 기도를 간과하는 경향이 있는데, 그래서는 곤란하다. 당신이 자신을 위해 기도할 때 당신의 영혼, 정신, 신체, 인격, 통찰력, 강인함, 그리고 주님 안에서 누리는 자유의 정도는 실로 엄청난 영향을 받는다. 요컨대 나를 위한 기도를 통해 주님의 뜻을 더욱 분명히 알 수 있다.

자신을 위해 기도할 때, 하나님은 내 삶에서 일어나고 있는 일들을 보다 분명하게 보여 주시고 아울러 영적세계를 더 잘 깨달을 수 있는 능력도 주시기 때문이다. 가령 육신의 일이 정신을 지배하고 있는지, 사탄이 갈등을 조장하고 거짓을 진리로 둔갑시키고 있는지를 분별할 수 있게 된다. 그리고 이러한 분별력은 견고하고 건강한 결혼 생활을 유지하는 데 꼭 필요하다.

이 말은 "주님, 저를 변화시켜 주세요"라고 꾸준히 기도해야 한다는 뜻이다. (나는 이러한 기도가 "주님, 남편을 변화시켜 주세요"라는 기도만큼이나 달갑지 않다는 것을 잘 안다. 하지만 어쩌겠는가? 불행하게도 남편을 변화시켜 달라는 기도는 쉽사리 응답되지 않으니 말이다.) 그러니 이제 당신은 "주님, 저를 변화시켜 주세요"라고 더욱 열심히 기도해야 한다. 그리고 당신 자신에 대해 알아두어야 할 것들을 낱낱이 보여 주시라고 기도해야 한다. 알아야 할 것들을 알고 해야 할 것들을 할 수 있도록 주님께 도움을 청하라. 이를테면 걱정, 염려, 의심, 애매모호한 생각들이 인생 항로에 걸림돌이 되어 당신의 생각과 사고에 악영향을 미치지 못하도록 기도하라.

하나님은 당신의 마음과 정신을 통솔하는 지휘권을 당신으로부터 반려받기를 원하신다. 물론 당신에게 감정을 주신 분은 하나님이시지만, 그 감정으로 인해 당신과 당신 가정이 불행해지는 것을 그분은 원하지 않으신다. 대신 당신이 모든 감정과 생각을 그분께 가지고 나아와 성령님 앞에 내려놓기를 원하신다. 이 책은 당신이 그렇게 할 수 있도록 도울 것이다.

나를 위한 기도가 매우 중요한 또 다른 이유는 온유하고 안정적인 영혼은 나이가 들수록 더 큰 아름다움을 발산하기 때문이다. 이러한 아름다움을 소유하려면 당신 안에 반드시 주님이 거하셔야 한다. 주님은 인간의 내면을 아름답게 만드시는데, 이 아름다움이야말로 그 어떤 치장과 패션보다 사람을 더 아름답게 만든다. 이러한 아름다운 마음과 정서와 생각을 가진 여인은 모든 사람에게 호감을 줄 수밖에 없다. 하물며 남편에게는 어떠할까?

아름답다는 것은 성령의 열매를 맺고 있다는 의미이기도 하다. 성령의 열매를 맺기 위해서는 당신의 마음과 영혼을 성령님께 더욱 굴복시켜야만 한다. 그러므로 "성령의 열매로 나를 새롭게 하시고 주님의 사랑과 희락, 평안으로 나를 채우소서. 내 안에 주님의 오래 참음과 친절함, 선함이 자라게 하심으로 나로 오래 참고, 친절하고 선하게 하소서. 나로 하여금 주님의 신실하심과 온유와 절제를 배우도록 도우소서"라고 날마다 기도해야 한다(갈 5:22-23 참조).

이 책은 또한 예수님께 속한 존재의 참된 의미를 이해할 수 있도록 도울 것이다. 아울러 "그리스도 예수의 사람들은 육체와 함께 그 정욕과 탐심을 십자가에 못 박았느니라"라는 구절의 의미도 확실히 가르쳐 줄 것이다(갈 5:24). 이 말은 남편에 대하여 그저 무심하고 둔감해지라는 말이 아니라, 나의 욕구가 하나님의 욕구를 대신해서는 안 된다는 말을 하는 것이다.

하나님의 욕구를 소유하기 위해서는 성령으로 살아야 한다(갈 5:25). 우리가 성령이 아닌 육신의 지배를 받을 때 얻게 되는 유익은 없다. 그렇게 살면 자신만 생각하고 자신이 원하는 것만 추구하는 데 급급해 하다 허무하게 삶을 마감하게 된다. 반대로 우리가 육체의 정욕을 십자가에 못 박고 성령 안에서 살면 "헛된 영광을 구하여 서로 노엽게 하거나 서로 투기하지" 않아도 된다(갈 5:26). 대신 더욱 주님을 닮아 갈 것이다. 주님을 닮는 것이야말로 우리가 원하는 전부이지 않은가.

아울러 이 책은 당신의 남편이 하나님의 말씀에 더 귀 기울이도록 도울 것이다. 그분의 말씀을 경청하면, 진리에 대한 이해가 자라고 강하고 평안하며 닥쳐올 시련과 역경 속에서도 적절한 생각을 할 수 있게 된다. 이와 관련하여, 나는 대개의 결혼 생활에서 공통적으로 발견되는 여러 문제들을 이 책에 실었다. 당신 자신과 남편을 위한 각각의 기도는 당신 부부를 더욱 성령님의 인도하심에 이끌리도록 도울 것이다. 그리고 성령님의 인도하심을 받은 부부는 고난과 역경의 시간이 올 때 부정적인 생각에 얽매이는 대신 옳은 결정을 내릴 수 있을 것이다.

지난 몇 년간 주님으로부터 얻은 개인적인 깨달음 중 하나는 스스로의 태도와 남편을 어떻게 대할지를 결정할 선택권이 내게 있다는 것이었다. 물론 그전부터 나는 이 사실을 알고 있었다. 그러나 아는 것과 행동하는 것은 별개였다.

무언가로 인해 마음이 심란할 때 내 기분대로 반응할지 그렇지 않을지에 대한 선택은 내 몫이다. 혹은 어떤 문제를 꺼내면서 연합하는 말을 할지 속상한 말을 건넬지도 내 몫이다. 아침에 눈을 뜨자마자 남편에게 가장 먼저 한 말, 장기간의 출장에서 돌아온 남편을 만나자마자 한 말이 과연 기운을 돋우는 유쾌한 말이었는가? 어쨌든 이 책에 실린 기도들을 통해 나는 날마다 올바른 선택을 하는 데 도움을 얻었다. 독자들 역시 동일한 도움을 얻을 수 있으리라 기대한다.

만약 남편이 아직 신앙을 가지고 있지 않다면, 초반에는 남편을 돕는 기도를 크게 개의치 않아도 된다. 가장 우선되어야 할 기도는 남편의 구원을 위한 기도이기 때문이다. 그렇다면 "주님, 남편이 주님의 진리에 눈뜨게 해 주시고 그를 구원으로 인도하여 주소서. 예수 그리스도를 구주로, 구세주로 영접하게 해 주세요"라고 기도하라.

이 기도를 마친 후에, 마치 남편이 이미 신앙인이 된 것처럼 이 책의 내용들로 기도하라. 하나님께서 당신의 남편을 매일매일 구원의 문에 가깝게 인도하고 계심을 믿어라. 이처럼 남편을 위한 기도가 쌓이면 쌓일수록 그의 마음은 성령님의 재촉하심에 더욱 민감해질 것이다. 남편이 아직 예수님을 영접하지 않았더라도 하나님은 남편의 마음에 말씀하실 수 있다. 남편을 위한 기도는 그의 마음에 낀 먹구름을 거두어 내서 하나님의 음성을 더 잘 들을 수 있도록 돕는다. 당장 무슨 일이 일어나지 않는다고 해서 낙심하지 말라. 당신이 기도하면 구원은 반드시 이루어진다. 남편이 아무리 옹고집이라고 해도 하나님이 꺾지 못할 고집은 없다.

이 책은 처음부터 끝까지 순서대로 읽어도 괜찮고, 각각의 소제목들을 보고 현재의 상황에 따라 골라 읽어도 괜찮다. 나는 당신이 이 책에 인용된 성경 말씀과 기도문들을 통해 우리 주 예수 그리스도를 만나고 당신과 남편, 그리고 결혼 생활에 일어나는 놀라운 변화들을 경험하게 되기를 소망한다. 오직 우리 주님만이 주실 수 있는 놀라운 변화들을 말이다.

_ 스토미 오마샨

내가 애정 표현을 해야 할 때

남편은 그 아내에 대한 의무를 다하고 아내도 그 남편에게 그렇게 할지라 _ 고전 7:3

사랑을 표현하지 않는 가정에서 자란 사람들이 배우자에게 사랑을 표현하기란 쉬운 일이 아니다. 사랑하지 않아서가 아니라, 사랑을 효과적으로 표현하는 것이 서툴기 때문이다. 그러나 애정을 표현하는 것은 익숙함의 문제가 아니라 하나님께 대한 순종의 문제다.

당신이 원하는 만큼 남편이 다정하지 못하다면 그의 마음에 치유의 기적을 베푸시도록 기도하라. 남편이 부모의 사랑을 충분히 받지 못하고 자랐대도 하나님께서 그의 상처를 고치실 수 있다. 과거의 상처를 씻고 현재의 자기 모습에 만족하는 사람일수록 아내에게 애정을 표현하기가 쉬워진다. 피상적인 허튼 자신감 때문이 아니라 하나님이 만드신 자기 모습에 만족하고 그분의 사랑을 지각하는 사람은 자연스럽게 사랑의 감정을 흘려보낼 수 있다.

만약 애정 표현이 서투른 쪽이 당신이라면 스스로를 위해 기도하라. 어린 시절 충분한 사랑을 받지 못했던 상처로부터 당신을 치유해 주실 것을 기도하라. 당신의 사랑을 남편이 느끼도록 행동할 수 있게 해 주시라고 기도하라. 자라면서 자연스럽게 배우지 못한 것을 성인이 되어 하기란 쉬운 일이 아니다. 그러나 하나님이 요구하시는 일이니만큼 당신에게는 분명 할 수 있는 능력이 있다. 당신의 의지만 있다면, 하나님이 기꺼이 도와주실 것이다.

주님, 남편에게 애정을 잘 표현할 수 있게 도와주소서. 저는 이 부분에서 이기적이고 싶지 않으며 무엇보다 주님의 요구를 저버리고 싶지 않습니다. 제 마음을 남편에게 표현할 수 있기를 원합니다. 남편에게서 믿음의 말과 배려 깊은 행동, 따뜻한 포옹을 받기 원합니다. 저 역시 이러한 행동들을 그에게 할 수 있게 하옵소서. 자의식과 수줍음을 없애 주시고, 제 안에 거하시는 성령님의 인자하심이 자연스레 표출되게 하소서.

과거의 상처나 존중받지 못한 기억 때문에 서로에게 "마땅히 보여야 할 애정"을 표현하는 데 어려움이 있습니다. 저희 부부를 치유하여 주옵소서. 주님의 사랑으로 저희를 채우셔서 그 사랑이 서로를 대할 때 자연스럽게 흘러나오게 하여 주옵소서. 서로에게 입힌 상처를 치유해 주심으로, 서로를 사랑하는 마음이 더욱 표현되도록 이끌어 주소서. 이기적인 이유로 사랑을 숨기지 않게 하시고, 저희 부부가 주님께 불순종하는 어떤 것도 하지 않기를 원합니다. 예수님의 이름으로 기도합니다. 아멘

남편이 하나님의 법칙을 알아야 할 때

너희는 성령을 따라 행하라 그리하면 육체의 욕심을 이루지 아니하리라 _ 갈 5:16

콩 심은데 콩 나고 팥 심은데 팥 나는 것은 순리이다. "자기의 육체를 위하여 심는 자는 육체로부터 썩어질 것을 거두고 성령을 위하여 심는 자는 성령으로부터 영생을 거두리라"(갈 6:8).

우리 인생의 면면은 삶이라는 땅에 무엇을 심느냐에 따라 달라진다. 그런데 결혼한 사람은 자기가 뿌린 것 이외에 배우자가 뿌린 것에도 영향을 받는다. 남편이 경제적으로 무능하고 씀씀이가 헤프다면 그 아내는 가난이라는 산물을 거둔다. 또한 아내가 남편을 속이기를 일삼는다면 그 부부는 의심이라는 굴레를 벗어나기 힘들다. 그렇다고 해서 배우자가 저지른 부당한 일로부터 하나님이 상대편을 보호하시지 않는다는 뜻은 아니다. 하나님은 보호하신다. 다만 이 일에 대하여 반드시 기도해야 한다. 상황이 저절로 나아지는 것이 아니기 때문이다.

심는 대로 거두는 것은 당연한 이치다. 하나님의 보호하심을 간구하지 않는다면, 회오리바람에 대고 씨를 뿌리는 것이나 마찬가지다. 그리고 기도했더라도 통렬한 회개가 없다면 잘못 뿌린 씨앗의 영향력은 그대로 남는다. 좋은 산물을 수확하고 싶은가? 그렇다면 거두고 싶은 대로 뿌리게 해 주시라고 기도하라. 평안과 행복과 목적의식을 가진 삶, 풍성함과 사랑의 삶을 수확하기 위해 무엇을 해야 하는지 여쭙고 그 일을 할 수 있도록 도와주시라고 기도하라. 또한 성령님과 항상 동행하며, 욕심 때문에 인생을 허비하지 않게 해 주시라고 기도하라.

주님, 남편이 좋은 씨를 뿌려서 저와 가정에 좋은 영향을 끼치기를 기도합니다. 경제 활동에 좋은 씨를 심게 하셔서서 재정적인 안정을 거두게 하시고, 동료들을 대할 때 선한 말과 행동을 하게 하시어 그들의 존경과 감사를 거두게 하옵소서. 주님은 저희가 "선을 행하되 낙심하지 않으면 때가 이르매 거두리로다"라고 말씀하셨습니다(갈 6:9). 남편에게 힘을 주셔서 옳은 일을 할 때 낙심하지 않게 하시고, 주님의 방법대로 경작하게 하심으로 선한 결실을 맺을 수 있게 도와주옵소서.

무엇이든 선을 위해서 심게 하시고 잘못된 것이 아니라 옳은 것을 위해서, 자신을 위해서가 아니라 주님을 위해서 씨를 뿌리게 하옵소서. 영이 아니라 육체에 대하여 심으려 할 때마다 남편의 마음에 거룩한 경고음이 울리게 하옵소서. 또한 때가 이르면 거두리라는 확신을 가지고 낙심하지 않도록 도우소서. 예수님의 이름으로 기도합니다. 아멘

우리가 양육 방식을 합의해야 할 때

마땅히 행할 길을 아이에게 가르치라 그리하면 늙어도 그것을 떠나지 아니하리라 _ 잠 22:6

양육 방식에 있어 부부간에 이견이 계속되면 심각한 갈등이 생긴다. 이때 이견을 좁히지 못하면 이혼까지 하는 경우도 있다. 그러나 이는 하나님이 원하시는 결혼 생활과는 극명히 상반된다. 양육에는 옳은 방법과 그른 방법이 있으며, 부부는 함께 옳은 방법을 찾으려 노력해야 한다. 그리고 옳고 그름의 문제에 앞서 아이를 위한 최선의 방안에 관한 부부간의 합의가 이루어져야 한다. 이에 대해 부부가 합의점을 찾지 못하면, 대화의 본래 목적인 자녀 양육은 온데간데없고 불화만 더 커질 수 있다. 부부가 서로 연합하지 않으면 배는 항상 산으로 간다.

우선은 자녀가 없는 곳에서 양육 방식에 대해 심도 있게 논의한 후, 아이 앞에서는 한목소리를 내야 한다. 자녀가 부부 관계를 다스리게 해서는 안 된다. 자녀가 관계의 중심에 있는 가정은 마치 물구나무를 선 것처럼 위태롭다. 때문에 가정은 자녀가 안전하게 성장할 수 있도록 돕는 울타리가 되어야 하고, 이 울타리는 부모의 합의 하에 세워져야 한다. 만약 부모가 각각 자녀에게 엇갈린 메시지를 전달하면 그 자녀는 마땅히 가야 할 길을 찾지 못할 것이다.

가족의 어른이 누구인지, 누가 아이인지를 분명히 하고 그에 걸맞게 행동하라. 어른들이 더욱 성숙할 수 있기를 위해 기도하라. 또한 부부가 항상 합의점을 찾을 수 있기를 위해 기도하라. 자녀 농사가 잘못되면 그 결과는 돌이킬 수 없음을 명심하라.

주님, 저희 부부가 양육 방식에 있어서 현명하게 합의하도록 도우소서. 과거에 불일치했던 부분이 있을지라도 앞으로는 연합할 수 있도록 하소서. 저희의 다툼으로 자녀가 상처를 입었거나, 저희 부부간에 해결되지 않은 갈등이 남아 있다면, 이것이 죄임을 고백합니다. 주님께서 저희 가족 모두를 회복시켜 주옵소서. 무엇보다 주님의 시각으로 자녀를 양육하게 하옵소서. 남편이나 제 생각이 틀렸다면 저희의 눈을 들어 진리를 바로 보게 하시고, 저희의 문제가 옳고 그름의 문제가 아니라면 상대방의 의견을 존중하고 실행 가능한 해결책을 모색하게 하옵소서.

저희 부부에게 주님의 영을 부어 주시고 부모로서 결정을 내릴 때마다 저희를 인도하소서. 언제나 주님의 지혜를 주시고 난관을 극복하게 하여 주소서. 이 시간, 저희 자녀를 주님 손에 맡겨 드립니다. 그리하여 이들이 성장한 후에도 주님의 길을 떠나지 않기를 기도합니다. 예수님의 이름으로 기도합니다. 아멘

내가 하나님을 신뢰해야 할 때

깨어 믿음에 굳게 서서 강건하라 너의 모든 일을 사랑으로 행하라 _ 고전 16:13-14

결혼 생활에 심각한 문제가 생기면 괴로운 마음을 다스리지 못해 뜬눈으로 밤을 지새우게 된다. 그런데 실의에 빠져 어찌할 바를 모르는 사이, 근심은 당신과 당신의 관계를 좀먹고 심지어는 지금껏 쌓아온 공든 탑을 무너뜨릴 수 있다. 바로 이런 일이 벌어지기 전에, 이 문제들에 대해 기도해야 한다.

물론 부부가 같이한다면 더할 나위 없이 좋지만 남자들은 더러 완고하거나 믿음이 부족해서 아내와 함께 기도하는 것을 꺼린다. 그러나 남편이 함께 기도하든 그렇지 않든 간에, 당신은 모든 염려와 걱정을 주님 앞에 가져가야 한다.

상황이 심각해지고 고민이 커지면서 어떻게 상황을 바로잡을지 종잡을 수 없다 하더라도 하나님은 돌파구를 아신다는 점을 인정하라. 주님께 마음을 고백하고 하나님이 해 주셨으면 하는 바를 아뢰어라. 하나님을 온전히 신뢰할 수 있도록 믿음을 키워 주시라고 기도하라. 출구가 없는 것 같고 눈앞이 캄캄할지라도 하나님을 의지하라. 속수무책의 상황에서도 주님 안에는 언제나 희망이 있다. 그러므로 이러한 시련 가운데 평안을 주시도록 기도하고, 상황을 보지 않고 주님만 보겠노라고 다짐하라. 당신을 향한 주님의 사랑과 신실하심을 믿겠노라고 결심하라. 주님께 불가능한 일을 이루어 달라고 요청하라. 그러면 그분이 그리하실 것이다.

주님, 남편과 제가 처한 이 참담한 상황 속에 주님을 모십니다. 먼저 제 마음속에 있는 의심을 고백합니다. 주님의 기적이 없이는 사면초가의 상황입니다. 그러나 부정적인 생각이 자라나도록 보고만 있진 않겠습니다. 이 모든 의심과 두려움을 주님의 손에 내려놓습니다. 이 문제가 누구의 탓으로 생겼든, 쓴 뿌리를 키우지 않기로 다짐합니다.

주님 앞에 제 강퍅함을 고백하오니, 부드럽게 어루만져 주시고 이 일을 바로 잡으실 것을 믿게 하옵소서. 또한 이 상황으로부터 저희가 교훈을 얻게 하소서. 이 험난한 파도를 다스릴 지혜를 주시옵소서. 당장이라도 난파될 것 같지만 저희의 배는 전복되지도 침몰하지도 않을 것을 믿습니다. 부디 서로를 원망하지 않게 하시고 기적의 구원자이신 주님을 의지하게 하소서.

주님, 우리는 주님의 평안과 힘과 사랑이 필요합니다. 주님의 말씀대로 깨어 믿음 위에 굳게 서게 하소서. 제 모든 말과 행동과 생각을 다스려 주소서. 오늘 기적의 회복을 이루시옵소서. 예수님의 이름으로 기도합니다. 아멘

남편이 결정을 내려야 할 때

나를 훈계하신 여호와를 송축할지라 밤마다 내 양심이 나를 교훈하도다 내가 여호와를 항상 내 앞에 모심이여 그가 나의 오른쪽에 계시므로 내가 흔들리지 아니하리로다 _ 시 16:7-8

아내의 삶의 만족도는 그 남편이 얼마나 옳은 결정을 내리느냐에 상당 부분 달려 있다. 남편이 잘못된 결정을 내리면 그 여파는 오랫동안 아내와 자녀들을 괴롭힌다. 아마도 대부분의 아내들은 이 말에 수긍할 것이다.

이와 관련하여 성경은 "사람의 행위가 자기 보기에는 모두 정직하여도"라고 기록한다(잠 21:2). 당시에는 좋은 생각인 줄 알았던 많은 일들이 실제로는 그렇지 않다는 의미를 내포한 말씀이다. 그러므로 우리는 결정을 내리는 매 순간마다 하나님께 여쭤야 한다. 당신은 꼼꼼히 지출하고 절약하면서 평생을 알뜰하게 살아 왔을 것이다. 그렇지만 남편이 자칫 금전 문제에 부주의하면 평생 모은 재산이 날아갈 수 있다.

직장, 집, 소비 성향, 동료, 취미, 가족과 함께 보내는 시간 안배 등 남편이 내리는 결정은 대개 아내의 삶에도 지대한 영향을 미친다. 바라건대 남편이 결정을 내리는 매 순간마다 아내와 함께 기도한다면 좋겠지만, 대개의 남자들은 그렇지 못하다. 남자들은 아내를 포함해 다른 어떤 사람의 간섭도 받지 않으려 한다. 만약 당신의 남편도 그렇다면 그가 그릇된 결정을 내리지 않도록 주님께 기도하라. 자기 생각에 너무 집착한 나머지 그 마음 깊은 곳에 말씀하시는 성령님의 음성을 듣기 거부하는 사람들이 있다. 그러나 적어도 아내가 기도한다면, 그 남편은 이미 하나님의 관심사가 된다.

주님, 제 남편이 옳은 결정을 내릴 수 있도록 도우소서. 주님의 뜻을 분별함으로 자기 욕망대로 결정하지 않도록 해 주시고, 지혜를 주시어 큰 실수를 저지르지 않도록 하소서. 과거에 내린 남편의 잘못된 결정으로 인해 우리 가정은 막대한 피해를 입었습니다. 이제 주님께서 상황을 변화시키시고 회복시키시기를 기도합니다.

"어떤 길은 사람이 보기에 바르나 필경은 사망의 길이니라"라고 말씀하신 주님(잠 14:12), 저희로 하여금 표면적으로 옳은 길과 실제로 옳은 길, 생명에 이르는 길과 사망에 이르는 길을 구별하게 하옵소서.

남편이 모든 결정을 내릴 때마다 그를 교훈하여 주옵소서(시 16:7). 이때 무심코 흘려보낼 수 없는 언어로 말씀하셔서, 주님의 뜻이라는 확신을 갖고 움직이게 하옵소서. "이것이 바른 길이니 너희는 이리로 가라 할 것이며"라고 말씀하시는 주님의 음성을 듣게 하옵소서(사 30:12). 또한 그 마음에 제가 생각나게 하심으로 저희가 연합하여 기도할 수 있게 하옵소서. 예수님의 이름으로 기도합니다. 아멘

우리가 대화법을 개선해야 할 때

너희는 들을지어다 내가 가장 선한 것을 말하리라 내 입술을 열어 정직을 내리라 _잠 8:6

배우자와 의사소통으로 인해 문제를 일으킨 적이 한 번도 없다면 그는 대단한 축복을 받은 사람이다. 스스럼없이 대화할 줄 아는 사람과 결혼했다는 사실에 대해 하나님께 감사드려야 한다. 또한 항상 이럴 수 있기 위해 기도해야 한다.

대화와 관련하여 결혼 관계에서 일반적으로 나타나는 또 다른 문제는 부적절한 대화법이다. 대화하려는 시도는 있지만 그 내용이 부정적이거나 냉소적이며 상대방을 무시하거나 생각 없이 던진 말들이기에 문제가 발생한다. 이처럼 서툴고 부정적인 대화는 갈등을 조장할 뿐 아니라 어떤 유익도 없기 때문에 결국 대화 자체를 이어가는 것도 어렵게 만든다. 이때 부적절한 대화가 이루어지는 주된 이유는 말하는 이의 내면에 자리 잡은 이기심이나 깊은 상처 때문이다. 과거에 받은 상처가 너무 커서 또다시 상처받을지 모른다는 두려움이 앞서다 보니 대화가 불편해지는 것이다. 더러는 아예 말을 꺼내지 않는 편이 차라리 더 낫다고 생각되기도 한다. 그러나 원활한 대화 없이 사는 부부의 삶은 더없이 곤고하다.

당신 부부가 좋은 대화를 할 수 있게 해 달라고 하나님께 기도하라.

대화는 하나님이 모든 부부에게 바라시는 항목 중 하나이다. 하나님은 당신 부부가 "가장 선한 것"을 말할 수 있게 되기를 원하신다(잠 8:6). 그러므로 입술을 주장하셔서 '선한 것'을 말할 수 있게 해 주실 것을 기도하라. 그러면 마침내 다툼이 수그러들 것이다.

주님, 저희 부부가 모든 문제에 대해 열린 마음으로 정직하게 대화하기를 원합니다. 대화가 잘 안 됐던 부분들을 회복시키셔서 원활한 의사소통이 이루어지게 하소서. 시간이 필요하다면 혼자만의 시간을 갖게 하시되, 자기 생각에 빠져서 표면적인 대화만 일삼지 않게 도와주소서. 이기심을 버리고 상대방에게 열린 마음으로 다가갈 수 있도록 하소서. 갈등과 상처로 인해 마음의 벽이 세워졌다면, 그 상처들을 어루만져 평안을 주시기를 기도합니다.

새 시작의 하나님, 저희가 새롭게 출발하도록 도우시고 무엇보다 유익한 대화를 나누게 하옵소서. 마땅히 드러나야 할 일들이 가려져 있다면 저희 마음에 주님의 빛을 비춰 주소서. 상대의 얘기를 다 듣고 자신의 생각을 말함으로써, 상대를 존중할 수 있도록 도와주소서. 무엇보다 저희가 무언가에 정신이 팔려 있어서 서로에게 '바른' 것과 '선한' 것을 이야기하는 시간조차 갖지 않는 일이 없게 하소서. 예수님의 이름으로 기도합니다. 아멘

내가 남편을 위해 기도하기 힘들 때

나는 너희를 위하여 기도하기를 쉬는 죄를 여호와 앞에 결단코 범하지 아니하고 _ 삼상 12:23

살다 보면 남편을 위해 기도하기가 내키지 않을 때도 있다. 아마 거의 모든 아내들이 이 말에 수긍할 것이다. 이유야 어찌되었건, 그런 순간을 극복하는 최선의 방법은 주님 앞에 나아가 자신을 위해 기도하는 것이다. 남편을 위해 기도해야 한다는 부담감을 떨쳐버리고, 먼저 스스로를 위해 기도하라. 주님의 사랑과 희락, 화평과 위로가 더 필요한 사람은 당신이다. 그리고 무엇보다 당신이 짊어진 무거운 짐으로부터 자유로워져야 한다.

깊은 상처와 실망과 분노로부터 벗어나기 위해 발버둥치고 있는가? 어쩌면 당신은 항상 잘하려다가 도리어 지쳤는지도 모른다. 그렇다면 주님 앞에 나아가 그간의 일들과 지금의 감정을 털어놓으라. 하나님은 이미 알고 계시지만 당신에게 직접 듣기를 원하신다. 주께로 더 가까이 나아와 주님의 임재 속에 철저히 혼자만의 시간을 가지라.

오랫동안 기도해 오던 많은 문제들에 대한 응답을 기다리면서, 이제는 주께서 "나를 치는 전쟁에서 평안"하게 하시기를 애타게 간구하는가?(시 55:18) 그렇다면 당신의 영혼과 마음을 회복시키시고 부흥시켜 주시기를 기도하라. 남편이나 다른 가족, 그밖의 염려들은 일단 접어 두라. 남편을 위한 기도를 잠시 쉬었다고 해서 죄를 짓는 것은 아니다. 아무리 강한 군사라도 휴식 시간은 필요하다. 당신도 마찬가지다. 내일부터 다시 남편을 위해 기도하면 되니, 오늘은 주님 안에서 안식하라.

주님, 지금은 남편을 위해 기도하고 싶지 않습니다. 감정과 생각이 복잡해서 평온한 마음으로 주님께 기도할 수가 없습니다. 남편에 대한 분노와 상처와 실망이 큽니다. 주님을 영화롭게 하지 못하는 이 생각들로부터 자유롭게 되기를 기도합니다. 제안의 강퍅함을 제거하시고 깨끗한 마음을 주옵소서. 주님의 사랑을 넘치도록 부으셔서 제가 다른 사람들을 진심으로 사랑하게 해 주소서.

어쩌면 저는 남편과 결혼, 삶의 소소한 일상이라는 전쟁터에서 지쳤는지도 모르겠습니다. 이 모든 부담감과 염려, 걱정과 욕심을 주님 앞에 내려놓고 단순 명료해지기를 기도합니다. 저를 강건하게 하시고 주님의 영으로 제 영을 새롭게 하소서. 그리스도 안에서 어떤 삶을 살아야 할지 주님의 뜻을 보여 주소서. 주님의 말씀을 읽을 때 저를 위로하시고, 주님의 충만한 사랑과 화평과 희락으로 저를 채워 주소서. 그리하여 지치지 않는 강인함으로 주님을 섬길 수 있도록 도와주소서. 예수님의 이름으로 기도합니다. 아멘

남편이 태도를 개선해야 할 때

너희는 너희가 범한 모든 죄악을 버리고 마음과 영을 새롭게 할지어다 _ 겔 18:31

하나님은 태도에 관한 선택권을 우리 각자에게 주셨다. 따라서 자신과 주위 사람에게 피해를 주면서까지 부정적인 태도를 취할 것인지, 아니면 예수님 닮기를 선택할 것인지는 온전히 자신의 몫이다. 스트레스, 갈등, 재정적 어려움, 불행한 사건, 정신적 중압감, 고통, 질병 등 태도에 영향을 주는 요인들은 한둘이 아니다. 단, 어떤 경우에든 나의 태도에 책임을 져야 하는 사람은 다름 아닌 나 자신이다.

남편의 태도는 아내의 감정에 영향을 줄 뿐 아니라 본인의 건강, 자녀, 집안 분위기, 가족의 미래 등에도 영향을 끼친다. 남편의 행실이 습관적으로 불량하다면, 이는 반드시 고쳐져야 한다. 그렇지 않으면 아내가 낙심하는 것은 물론이고 결혼 생활이 심각한 파탄에 이를 수 있다.

매사에 부정적인 사람은 그 마음과 영혼, 신체까지도 병든다. 본인이 인정하든 인정하지 않든, 어떤 태도와 영성을 가져야 할지에 대한 선택은 다름 아닌 그 사람의 몫이다. 심각하고 골치 아픈 상황일지라도 어떤 부류의 사람이 되어야 할지는 반드시 선택해야 한다. 이때 아내의 기도는 남편이 올바른 선택을 하는 데 도움을 줄 것이다.

남편이 불량하고 못된 태도를 갖고 있다면, 거기에 휘둘리지 않으려는 각오를 단단히 해야 한다. 그리고 이 무거운 짐을 하나님께 가지고 나아오라. 남편이 새 마음과 새 영을 갖기를 기도하라. 이것이 그의 삶을 향한 하나님의 뜻이다.

주님, 남편이 부정적인 태도를 고치도록 도와주소서. 삶에서 나쁜 점이 아닌 좋은 점을 발견하게 하옵소서. 저 역시 남편과 아이들에게 악영향을 미쳤을 저의 부정적인 태도를 회개합니다. 부정적인 사고는 그 누구에게도 유익을 주지 못합니다. 그 중심에는 믿음 없음과 자아중심적인 죄가 도사리고 있기 때문입니다.

이 시간에 제 영을 새롭게 하여 주옵시고, 또한 남편에게도 새 마음과 새 영을 불어넣어 주소서. 주님의 평안으로 그를 채우시고 그 인품을 다스려 주소서. 주님의 희락의 영이 그 사람 안에 거하기를 기도합니다. "마음의 근심이 심령을 상하게" 하지 않도록 그가 결단하게 하옵소서(잠 13:15). 부정적인 사고를 거부하고 즐거운 마음으로 "항상 잔치"하는 인생을 선택하게 하옵소서(잠 15:15). 그를 억압하는 영을 쫓아내시고 오직 성령으로부터 오는 사랑, 인내, 너그러움의 태도를 갖도록 도와주소서. 찬양과 감사의 영이 그의 마음과 생각을 다스리게 하옵소서. 예수님의 이름으로 기도합니다. 아멘

우리가 침묵을 깨야 할 때

여호와께서 내게 도움이 되지 아니하셨더면
내 영혼이 벌써 침묵 속에 잠겼으리로다 _ 시 94:17

이 말씀은 침묵하지 않고 옳은 것을 옹호함으로써, 부정한 일이 벌어지지 않게 하라는 뜻을 포함한다. 결혼 생활에서도 침묵해서는 안 될 순간들이 있다. 남편과 아내가 침묵으로 일관할 때 서로 간에 틈이 생긴다. 그리고 이 틈은 결국 메울 수 없는 심해가 된다. 대화를 하면 오히려 논쟁이 생기기 때문에 한동안은 말을 하지 않는 편이 더 낫다고 생각하는 경우가 있다. 하지만 상한 마음이 가라앉을 때까지 말을 하지 않는 것이 일시적으론 편할지 몰라도 궁극적으로는 더 큰 문제를 만든다.

부부가 대화를 하지 않는 데는 몇 가지 이유가 있다. 그 첫째는 자신을 보호하기 위해서다. '말을 안 하면 중간이라도 가지.' 다음은 이기심 때문일 수 있고, '이 다툼에서 이길 수 없을 바에야 차라리 아무 말도 하지 않겠어. 어차피 내가 옳은걸, 뭐.' 미성숙한 태도가 원인일 수도 있다. '내가 아무 말도 안 하면 저 사람이 더 괴롭겠지.' 이유야 어떠하든, 지속적인 침묵은 주님으로부터 오는 것이 아니다.

만약 당신 부부의 입에도 자물쇠가 채워져 있다면, 즉시 주님께 나아가 그 자물쇠를 열어 달라고 요청하라. 상대방이 말을 하지 않겠다고 벼른다면, 그의 의지를 꺾어 달라고 주님께 기도하라. 용광로 같은 성령님의 불로 그 침묵의 사슬을 녹이시라고 기도하라. 제아무리 굳게 닫힌 배우자의 마음이라도 성령님은 능히 여실 수 있다.

주님, 저희 부부가 작심하고 대화하지 않는 시간이 있습니다. 이 시간이 길어지면 부부간에 벽이 생기고 마음의 단절이 생깁니다. 주님께서 이 벽을 허무시기를 기도합니다. 부디 저희의 돌 같은 마음을 부드럽게 만져 주시고, 자기방어를 하느라 생긴 이 갈등을 치유해 주옵소서. 침묵함으로 상대방을 괴롭히겠다는 생각을 버리게 하시고, 이기심을 내려놓게 하옵소서.

또한 남편이나 제가 말하지 않겠노라고 작심하여 일상에 필요한 최소한의 대화만 오가는 상황이라면, 서로에 대한 연민과 사랑이 자라나서 이 상태를 벗어나게 도우소서. 그래서 온유하고 긍정적인 태도로 서로의 생각과 감정을 나눌 수 있게 하소서. 저희의 성격이 까다롭고 다혈질이라면 그 반항적인 기질을 다스리시고 안전한 항구에서 안식할 수 있도록 저희 영혼을 만지소서. 저희 부부간에 생긴 침묵의 분열을 깨고 주님의 사랑과 평안과 연합의 영으로 저희를 한 몸 되게 하옵소서. 예수님의 이름으로 기도합니다. 아멘

내가 신경이 곤두서는 상황을 극복해야 할 때

이제 인내와 위로의 하나님이 너희로 그리스도 예수를 본받아 서로 뜻이 같게 하여 주사 한 마음과 한 입으로 하나님 곧 우리 주 예수 그리스도의 아버지께 영광을 돌리게 하려 하노라
_ 롬 15:5-6

살다 보면 전혀 예기치 않게 골머리를 앓는 일이 있다. 예컨대 오랫동안 방문해 주기를 바랐던 손님이 지나치게 오래 머문다거나, 가장 친한 친구가 노골적으로 문제를 콕 짚어내 상처를 주는 식이다. 특히 오랫동안 같이 어울리는 사람일수록 서로를 성가시게 할 확률이 높다. 하물며 부부는 세상에 둘도 없는 관계이기 때문에 상대방이 싫어하는 일을 할 만한 잠재력도 그만큼 크다.

남편이 당신을 짜증나게 하고 초조하게 한다면, 당신에게 더 큰 인내심을 주시고 그 상황을 극복하게 해 주실 것을 기도하라. 처음에는 사소한 일도 시간이 지나면 큰 문제가 될 수 있다. 성경은 "허물을 용서하는 것이 자기의 영광"이라고 기록한다(잠 19:11). 물론 허물을 용서하는 일은 분명 유익하다. 그렇지만 수년간 같은 잘못이 반복되다 보면, 점점 인내심에 한계가 오기 마련이다. 따라서 우리에게는 용서하게 하시는 주님의 힘이 절대적으로 필요하다. 이는 또한 주님께서 원하시는 한마음과 한 입으로 사는 방법이기도 하다.

남편의 거슬리는 행동 때문에 괴로운가? 그렇다면 평화의 하나님께

이 문제를 기탄없이 꺼내 놓으라. 혹시 이런 일로 골머리를 앓고 싶지 않다면 그냥 흘려보낼 수 있는 마음을 주시라고 기도하라. 또 남편을 괴롭게 하는 당신의 행동은 혹여 없는지 살피라. 두 사람이 평안과 만족 속에서 사는 방법은 분명 존재한다. 하나님께 그 길을 보여 주시라고 기도하라.

주님, 제 남편의 행동 중 제 신경을 끊임없이 곤두서게 하는 것과 제가 남편을 지속적으로 짜증나게 하는 행동들을 주님께 가지고 나갑니다. 저희 부부가 서로를 더 살아 깊게 배려하기를 기도합니다. 이 사소한 문제의 해결을 위해서도 주님의 도우심이 절대적으로 필요합니다. 부디 서로가 싫어하는 버릇을 고치도록 도와주소서.

저에게 더 큰 인내와 관용과 평안을 주셔서 하찮은 일에 대해서는 개의치 않고 넘어가게 하소서. 단, 담대히 맞닥뜨려야 할 문제는 사랑을 가지고 해결하게 하소서. 저는 당장이라도 폭발할 듯한 화산처럼 속으로만 분노를 쌓아가는 아내가 되고 싶지 않습니다. 억눌린 감정과 비판적인 태도로부터 저를 자유하게 하소서. 짜증으로 하루를 열지 않게 하시고, 치료하시는 주님을 신뢰하게 하소서. 저를 실망하게 하는 것들로부터 구원하셔서 저희가 완전한 평화 가운데 살아가게 하소서. 예수님의 이름으로 기도합니다. 아멘

남편이 말하는 방식을 고쳐야 할 때

죽고 사는 것이 혀의 힘에 달렸나니
혀를 쓰기 좋아하는 자는 혀의 열매를 먹으리라 _ 잠 18:21

많은 남자들이 자기 말의 힘과 그 영향력을 제대로 알지 못한다. 단지 남자라는 이유로, 그의 목소리는 때때로 상대방을 압도하는 힘을 갖는다. 또 가볍게 내뱉은 말이 누군가에게는 위협이나 상처가 될 수도 있다. 부부 사이에서도 마찬가지다.

남편이 아내와 자녀에게 하는 말과 화법은 가족 관계를 공고히 할 수도 있고 파괴할 수도 있다. 만약 남편이 이 부분에 별 주의를 기울이지 않는다거나 무심한 태도로 일관한다면 성공적이고 충족감을 주는 결혼 생활은 결코 이뤄질 수 없다.

남편이 아내에게 상처 되는 말을 할 때, 그 말이 아내에게 끼치는 파괴력은 생각보다 훨씬 크다. 자기 말이 배우자를 겁주고 심지어 정신적 외상을 입힐 수 있는 잠재력을 가지고 있음을 남편들은 알아야 한다. 그러므로 남편이 입을 열기 전에 자기가 하려는 말과 말하는 태도를 먼저 볼 수 있게 해 주시라고 기도하라. 잠언에는 "입을 지키는 자는 자기의 생명을 보전하나 입술을 크게 벌리는 자에게는 멸망이 오느니라"라고 기록되어 있다(잠 13:3). 그러니 주님의 풍성하신 사랑과 인내, 선하심과 신실하심으로 남편의 마음을 채우셔서 그가 당신과 자녀들에게 이야기할 때 이러한 품성이 배어나게 기도하라. 한편 남편의 말로 상처를 입은 적이 없다면 그야말로 감사한 일이다. 이 경우엔 남편의 부드러운 영혼으로 주변 사람들의 거친 성품을 부드럽게 다듬어 주시라고 기도하라.

주님, 남편의 말하는 방식을 새롭게 해 주소서. 관계를 단절하는 말이 아니라 형성하는 말을 하도록 도우소서. 악담이 아니라 축복의 말을, 낙심이 아니라 격려의 말을, 겁주는 말이 아니라 기운을 북돋는 말을 하게 하소서. 주님은 "마음에 가득한 것을 입으로 말한다"고 하셨습니다(마 12:34). 남편의 마음이 분노와 화, 이기심으로 가득 차 있다면 회개하도록 도우소서. 그리고 그 마음을 주님의 사랑과 평화, 희락으로 채우소서. 그가 자신의 "혀의 열매를 먹게 되는" 것을 깨닫게 하소서(잠 18:21).

지금까지 제게 욕설이나 상처 주는 말을 서슴지 않았다면 그로 양심을 돌아보게 하시고 이러한 악의적인 말이 결혼 생활에 끼치는 폐해를 깨닫도록 해 주소서. 저 역시 부부 관계를 해치는 말을 남편에게 한 적이 있다면 그 죄를 용서해 주시고 앞으로는 치유하는 말을 하게 하옵소서. 특별히 저희 부부가 서로와 자녀에게 하는 말을 깊이 생각하게 하여 주소서(잠 15:28). 예수님의 이름으로 기도합니다. 아멘

우리가 기도 응답을 받아야 할 때

너희가 내 안에 거하고 내 말이 너희 안에 거하면 무엇이든지 원하는 대로 구하라 그리하면 이루리라 _ 요 15:7

어떤 사람에게든 기도 응답은 절실하다. 하물며 결혼한 사람에게는 두말할 필요가 없다. 주님의 도우심 없이 성공적인 결혼 생활을 유지하기란 어렵다. 다만, 기도했다고 해서 저절로 응답을 받게 되는 것은 아니다.

하나님은 "무엇이든지 원하는 대로 구하라 그러면 네가 얻을 것이다"라고 말씀하시지 않는다. 그분은 "너희가 내 안에 거하고 내 말이 너희 안에 거하면 구하라"라고 말씀하신다. 다시 말해, 우리는 하나님의 방법대로 살아야 하고 그분과 시간을 보내야 하며 그분의 말씀이 우리 안에 거하도록 주야로 묵상해야 한다. 그럴 때에야 비로소 우리의 기도가 응답된다.

하나님과 동행하고 주님의 말씀 안에 사는 사람은 그 마음이 변하여 점점 더 주님을 닮아 간다. 이런 사람의 기도 제목은 주님의 뜻과 점점 더 가까워지기 마련이다. 이처럼 기도 응답을 받기 위해서는 먼저 하나님과의 관계가 깊어져야 한다. 이 사실을 명심하고, 당신 안에 주님의 말씀이 자라나며 당신의 소망이 주님의 뜻과 일치되기를 기도하라. 남편을 위해서도 동일하게 기도하라. 그러면 서로가 하나님의 뜻 가운데 살게 됨은 물론, 기도 응답 속에 흐르는 주님의 풍성하신 축복을 맛보게 될 것이다.

주님, 저희 부부는 주님의 응답을 소원합니다. 저희 삶에서 강력하게 역사하시는 주님이 계시지 않는다면 저희는 제대로 살 수가 없습니다. 그렇지만 기도 응답은 저희가 주님과 동행하고 말씀 안에 거할 때 이루어짐을 압니다. 남편과 저를 주님께 더 가까이 이끄시서 주님의 인도 없이는 한 발자국도 내딛지 않게 하소서. 저희가 날마다 주님의 임재 안에 거하며, 주님의 말씀을 이해하고 그 말씀으로 변화 받게 하옵소서. 또한 성경을 읽고 배움으로 주님의 말씀이 저희 삶의 커다란 부분이 되게 하소서.

저희 부부가 주님의 뜻에 따라 기도하게 하시고 저희 마음의 소원이 주님의 소원과 같게 하여 주소서. 저희로 하여금 힘 있게 기도하게 하시며 이로써 힘 있는 응답을 받게 하소서. 저희 부부가 따로 또 함께 기도하게 하시며, 무엇보다 주님의 뜻대로 기도하게 하시어 주님의 뜻이 저희 삶 가운데 성취되게 하옵소서. 주님의 때에 주님의 방법대로 응답해 주시는 주님을 찬양합니다. 예수님의 이름으로 기도합니다. 아멘

내가 남편에게 고백해야 할 때

그러므로 너희 죄를 서로 고백하며 병이 낫기를 위하여 서로 기도하라
의인의 간구는 역사하는 힘이 큼이니라 _ 약 5:16

때론 남편이 듣기 거북해 할 무언가를 고백해야 할 때가 있다. 가령 차 사고가 났거나 과잉 지출을 했다거나 남편이 아끼는 축구 티셔츠를 무심결에 버렸을 수 있다. 아니, 어쩌면 이보다 훨씬 더 심각한 일을 저질렀을 수도 있다. 이런 고백을 듣는 남편의 반응이 좋을 리 없으니, 아내에게는 위로부터 오는 도움이 필요하다. 때문에 고백해야 할 일이 생기면, 남편에게 말하기 전에 먼저 기도하라.

특히 남편이 수긍하기 어려운 말을 꺼내야 한다면, 가능한 최선의 방법으로 말할 수 있게 해 주실 것을 기도하라. 그가 들을 준비가 되게 해 달라고 기도하라. 무심결에 내뱉는 것이 아니라, 적절한 단어를 사용하여 적기에 말할 수 있게 해 주실 것을 기도하라. 남편이 당신에게 무언가를 고백해야 할 상황이 오면, 당신의 태도가 그에게 좋은 본보기가 될 수 있도록 인내심을 가지고 침착하게 그 고백을 들어라.

남편의 반응이 지나치다고 생각되면 그에게 차분한 마음과 배려심과 이해심을 주실 것을 기도하라. 당신을 힐난하고 일장 연설을 늘어놓는 대신에 당신을 위해 기도하는 마음을 주시라고 기도하라. 마지막으로,

남편에게 용서를 구한 후에는 이 일에 대해 함께 기도할 것을 권면하라. 이렇게 서로를 배려하고 이해함으로써, 자녀들 앞에서 주님이 원하시는 가정의 본을 바로 세우도록 하라.

주님, 남편에게 고백할 일이 생겼습니다. 이 일을 잘 고백할 수 있도록 도와주소서. 남편의 마음을 열어 주셔서 제 고백을 신실하고 좋은 태도로 받아들이게 해 주소서. 제 잘못으로 이 일이 생겼다면 제게 지혜와 분별력을 주시어 다시는 이런 일을 반복하지 않게 도와주시고, 제 잘못이 아니라면 남편과 차분하고 평온하게 이야기할 수 있도록 상황을 이끌어 주옵소서. 그래서 장차 이 일과 관련해 나아가야 할 방향을 서로 합의할 수 있도록 인도하소서.

저희 부부에게 서로에 대한 애정 어린 마음을 주시어 이 일이 분노로 끝나지 않게 하옵소서. 또한 저희 각자의 마음을 다스리시어 이 고백의 순간이 주님께 영광을 돌리는 순간이 되게 하소서. 주님은 너희의 죄를 서로 고백하라고 말씀하십니다. 그리고 저는 이런 고백이야말로 심령을 치유하고 결혼을 치유하는 첫 출발임을 압니다. 부디 막힘없이 고백하고 주저 없이 서로를 위해 기도할 수 있도록 하셔서 저희 부부에게 필요한 치유를 경험하게 하옵소서. 예수님의 이름으로 기도합니다. 아멘

남편이 내 말에 귀 기울여야 할 때

> 내 사랑하는 형제들아 너희가 알지니 사람마다 듣기는 속히 하고 말하기는 더디 하며 성내기도 더디 하라 사람이 성내는 것이 하나님의 의를 이루지 못함이라 _ 약 1:19-20

아내는 더러 남편이 미처 깨닫지 못한 것들을 깨닫곤 한다. 그러므로 남편은 아내의 의견에 귀를 기울여야 한다. 가령, 남편의 잘못된 결정 때문에 벼랑 끝으로 스스로를 몰아가는 게 빤히 보이는데도 아내가 수수방관만 하고 있을 수는 없는 일이다. 단, 남편에게 조언할 때는 먼저 그에게 들을 귀와 이해할 수 있는 마음을 달라고 기도하라.

가부장적 사고를 가진 남편들은 아내의 얘기라면 일단 귀부터 닫고 보는 경향이 있다. 이런 사람에게 아내가 옳고 자신이 틀리다는 생각은 자존심에 상처를 준다. 물론 건강한 자아상을 가진 대개의 남편들은 아내의 의견을 듣는다고 해서 자신이 모자라다는 뜻이 아님을 잘 안다. 실제로 대부분의 남편은 아내의 조언에 기뻐한다.

아브라함의 아내 사라는 무언가 잘못되어 가고 있음을 알아차렸고, 이에 관해 침묵해서는 안 된다는 것을 깨달았다. 그래서 아브라함에게 이 일을 말했지만, 아브라함은 근심하며 사라의 말을 거부했다. 그러자 하나님이 아브라함에게 "근심하지 말고… 사라가 네게 이른 말을 다 들으라"고 이르셨다(창 21:9-12). 기쁘지 않은가? 하나님께서는 사라의 말이 옳으니 그녀의 말을 들으라고 아브라함에게 직접 말씀하셨다. 그러니 당신의 남편 역시 당신이 옳음을 알 수 있게 해 달라고 기도하라. 당신이 말하는 순간 남편의 마음을 열어 주셔서 기꺼이 들을 수 있게 해 달라고 기도하라.

주님, 현 상황에서 남편에 대한 저의 생각과 느낌이 정확한지를 분별하게 하소서. 만약 제 생각이 틀리다면 바른 길을 보여 주시고, 제 생각이 맞다면 남편이 제 조언을 듣도록 그의 마음을 준비시켜 주소서. 그가 방어적이지 않게 해 주시고, 제가 성령님의 도우심을 받아 겸손한 마음으로 말할 수 있도록 제 입술을 주관하옵소서.

사라는 자신이 옳다는 것을 알았지만, 정작 아브라함에게 그 생각을 말하자 아브라함은 듣기를 거부했습니다. 하지만 하나님이 그에게 말씀하시자 주님의 음성을 들은 아브라함은 진실을 알았습니다. 제가 남편에게 이야기할 때도 주님께서 남편의 마음을 밝혀 주셔서 그가 들을 수 있게 되기를 기도합니다. 제 판단의 정확성에 대해서 남편이 어떻게 생각하는지는 개의치 않습니다. 다만 인생과 결혼에 관한 하나님의 뜻을 그가 이해하기를 간구합니다. 혹시 함구하는 것이 옳다면 그 또한 제게 알려 주옵소서. 예수님의 이름으로 기도합니다. 아멘

우리 사이에 깊은 대화가 필요할 때

사연을 듣기 전에 대답하는 자는 미련하여 욕을 당하느니라 _ 잠 18:13

당신의 생각이나 고민을 남편에게 말할 때 종종 그가 당신을 말을 흘려듣는다고 느낀 적이 있는가? 남편이 당신의 말에 귀 기울이지 않는다고 생각하는가? 무언가를 말하려는데 정작 사연을 듣기도 전에 아무렇지 않게 대답해 버리는가? 대화를 끝까지 할 수 있느냐 없느냐는 부부 관계에 있어 아주 중요한 문제다. 하지만 서로의 말에 진심으로 귀 기울이지 않으면 온전히 대화하기가 불가능해진다.

남편이 자기 말만 하고 들으려 하지는 않는다면, 아내는 그가 자기의 생각을 알고 싶어 하지 않거나 자기의 말을 무가치하게 여긴다고 생각한다. 반대로 아내가 주로 말하는 쪽이고 들으려 하지 않는 편이라면 남편도 이와 같이 생각할 것이다. 즉 끊임없이 대화를 밀어붙이는 사람이 누구건 간에 이러한 상황은 부부 관계에 악영향을 준다.

부부가 깊이 있게 대화할 수 있다면, 그 결혼 생활에는 커다란 주춧돌이 세워진 것과 같다. 그러나 깊은 대화가 없는 부부는 관계에 커다란 구멍이 생겨 결국 흔들리는 기반 위에 집을 지은 것이나 마찬가지다. 그러므로 하나님께 부부가 서로에게 호의적이며 비전투적인 자세로 대화할 수 있게 해 주실 것을 기도해야 한다. 특히 투명함, 인내, 평안, 사랑이 부부 관계의 중심축이 되도록 기도하라. 중요한 문제를 방치해 둠으로써 마침내 파괴적인 일이 일어나지 않도록, 매일매일 상대방의 이야기를 들을 수 있는 귀를 주시라고 기도하라. 항상 대화에 열려 있게 해 주시기를 간구하라.

주님, 저희 부부가 다툼이나 갈등 없이 침착하고 성숙한 자세로 대화할 수 있게 하소서. 저희에게 주님의 평화와 인내를 주셔서 서로를 공격하지 않고 각자의 생각을 나눌 수 있게 하옵소서. 이견을 조율할 지혜를 주심으로 어떤 문제도 합의하에 해결할 수 있게 도우소서. 감정을 격하게 하는 언행을 삼가게 하시고 저희가 한 팀임을 의심 없이 이해하고 믿게 하옵소서.

사탄이 저희 사이를 이간질하고 혼란과 오해를 심어 주고 감정을 과열시킬 때마다, 그 감정이 어디로부터 왔는지를 분별할 수 있게 하심으로 저희 삶에 사탄이 틈타지 못하게 하여 주옵소서. 문제의 소지를 남긴 채 어영부영 말을 끝내지 않게 하시고 끝까지 대화할 수 있도록 도와주소서. 무엇보다 서로에게 긍정적이고 애정 어린 마음을 갖게 하여 주소서. 저희 부부가 기꺼이 이 모든 노력을 기울이게 도우소서. 예수님의 이름으로 기도합니다. 아멘

내가 주님을 닮기 원할 때

> 누구든지 그의 말씀을 지키는 자는 하나님의 사랑이 참으로 그 속에서 온전하게 되었나니 이로써 우리가 그의 안에 있는 줄을 아노라. 그의 안에 산다고 하는 자는 그가 행하시는 대로 자기도 행할지니라 _ 요일 2:5-6

아내와 남편의 관계만큼 나와 예수님과의 관계를 잘 보여 주는 척도도 없다. 아내의 사고방식과 행동 그리고 남편을 대하는 태도 등은 하나님이 원하시는 삶의 방식을 갖기 위해서 아내가 얼마나 더 노력해야 하는가를 여실히 보여 준다.

결혼은 사람의 내면을 드러내는 진정한 시험대 중 하나다. 남편이나 아내 속에 있는 이기적인 생각이나 배려 없음, 애정 결핍 등은 부부 생활이 오래될수록 가시화되기 마련이다. 성공적인 결혼 생활을 원하는가? 그렇다면 예수님 닮기를 더욱 갈망하라. 그러면 예수님의 사랑과 이타심, 그분의 선하심이 당신의 속사람을 성장시켜 남편을 비롯한 주변 사람들에게 선한 영향을 끼치도록 도울 것이다.

예수님처럼 살 수 있는 유일한 방법은 성령님의 도우심을 받는 것이다. 예수님을 구주로 영접한 사람 안에 거하시는 성령님의 능력으로 예수님처럼 사는 것이 가능하다. 그리고 예수님의 완전한 사랑이 당신 안에서 자라게 하는 방법은 매일 주님의 말씀 안에 거하며 어떻게 살아가야 할지를 주님께 직접 듣는 것이다. 또한 말씀을 읽고 그 말씀이 당신 안에 살아서 성령님의 인도하심에 따라 매 순간 올바른 선택을 할 수 있도록 간구하라. 성경은 "하나님을 아노라 하고 그의 계명을 지키지 아니하는 자는 진리가 그 속에 있지 아니하다"라고 말씀한다(요일 2:4).

주님, 주님처럼 생각하고 행동하고 말할 수 있게 해 주소서. 사랑, 긍휼, 은혜, 자비를 갖게 하시고 분노와 냉소, 비판, 무자비와 같이 주님으로부터 오지 않는 것은 모조리 없애 주소서. 육신의 욕망에 따라 살지 않게 하시고, 말이나 행동으로 상대방을 채찍질하지 않게 도와주소서. 육체적, 정서적, 감정적으로 남편을 거부하지 않게도 해 주소서. 저희와 가까이 계시기를 원하시는 주님은 저희 부부가 서로에게도 가까이 있기를 원하심을 압니다. 이런 주님의 마음을 저희가 닮게 하옵소서.

토기장이이신 주님, 제 마음을 빚으셔서 주님이 원하시는 형상대로 만들어 주소서. 주님의 말씀을 읽을 때마다 저를 변화시켜 주시고, 주님의 사랑 없이는 말하지도 행동하지도 않게 하옵소서. 사랑과 희락과 화평과 오래 참음과 자비와 양선과 충성과 온유와 절제의 성령님이여, 주님은 제게 빛이며 생명이십니다. 예수님의 이름으로 기도합니다. 아멘

남편이 사과해야 할 때

자기의 죄를 숨기는 자는 형통하지 못하나
죄를 자복하고 버리는 자는 불쌍히 여김을 받으리라 _ 잠 28:13

남편이 아내에게 어떤 식으로든 상처를 줬다면, 그것이 고의적이든 무심코 한 실수든 아내는 그가 잘못을 고백하며 미안하다는 말을 해 주기를 바란다. 물론 아내가 나선다고 해서 억지로 미안한 마음을 들게 할 수야 없지만, 하나님은 남편의 마음을 움직이셔서 미안함을 고백하도록 이끄실 수 있다.

남편이 잘못된 말이나 행동을 사과할 수 있도록 그를 위해 기도하자. 하지만 그 이유가 남편을 굴복시키기 위함이어서는 곤란하다. 아내가 입은 상처의 치유도 중요하지만 단순히 이 때문만도 아니다. 가장 큰 이유는 자신의 행동을 회개하지 않으면 이는 죄를 숨기는 것이 되며, 그리되면 형통의 축복이 제한되기 때문이다. 당신 부부에게 향하신 하나님의 축복 없이는 당신이든 남편이든 그 어느 쪽도 행복해질 수 없다.

남편의 잘못으로 주님과 멀어지기를 바라는 아내는 이 세상에 없을 것이다. 당신이 기도하면 진리의 성령님께서 남편의 마음을 움직이실 것이고, 그가 더욱 분명히 진리를 볼 수 있게 될 것이다. 뿐만 아니라 아내에게 사과하면 아내가 자신을 무시하는 것이 아니라 오히려 더 존중

한다는 사실도 인식할 것이다. 자신감이 결여된 사람이 스스로의 잘못을 인정하기란 여간 어려운 일이 아니다. 그러나 건강한 자아상을 가진 남편이라면 부부간의 문제를 해결함으로써 얻는 유익을 잘 알 것이다. 아울러 남편의 사과는 항상 더 나은 결혼 생활을 만든다.

주님, 남편이 저를 화나게 하고 무시하는 언행을 해서 제게 사과해야 하는 순간이 온다면, 남편이 그럴 수 있게 도와주소서. 우선 주님과의 관계를 정립하게 하셔서 이후 저와의 관계도 정립할 용기와 자신감을 허락하소서. 주님은 "그러므로 예물을 제단에 드리려다가 거기서 네 형제에게 원망들을 만한 일이 있는 것이 생각나거든 예물을 제단 앞에 두고 먼저 가서 형제와 화목하고 그 후에 와서 예물을 드리라"고 말씀하셨습니다(마 5:23-24).

이처럼 남편의 마음을 움직이셔서, 그 무엇도 그와 주님과의 관계를 단절시키지 못하도록 하여 주소서. 저 또한 올바른 태도로 남편의 사과를 받아들일 수 있게 하시고, 남편을 벌주려는 잘못된 욕망을 제거해 주옵소서. 제게 사과하는 순간이 이 문제의 종지부가 되기를 바라며, 이 문제가 다시 거론되지 않기를 원합니다. 무엇보다 남편이 주님의 자비를 알고 모든 길에서 형통할 수 있기를 기도합니다. 예수님의 이름으로 기도합니다. 아멘

우리 부부에게 삶의 활력이 필요할 때

너희는 이전 일을 기억하지 말며 옛날 일을 생각하지 말라 보라 내가 새 일을 행하리니 이제 나타낼 것이라 너희가 그것을 알지 못하겠느냐 반드시 내가 광야에 길을 사막에 강을 내리니 _ 사 43:18-19

기혼자라면 누구나 결혼 생활에 활력이 필요한 순간이 있음을 알 것이다. 부부간의 긴장과 중압감, 따분함이나 진부함이 결혼 생활의 발목을 잡기도 하고 어쩌면 결혼이라는 울타리가 서서히 무너지고 있을지도 모를 일이다. 이처럼 상처와 무관심, 걱정의 강물이 교각 위로 범람할 때, 새 일을 행하시는 주님이 계시지 않다면 밀려오는 강물을 버텨낼 수가 없다. 다행스러운 점은 하나님께서 새 생명을 불어넣으시리라고 말씀하신다는 점이다. 하나님은 새 시작의 하나님이 아니시던가! 하지만 우리가 이전 것을 떠내려 보내겠다는 결심을 하지 않으면 하나님의 이 약속은 이루어지지 않는다.

사실 우리가 예수님을 영접한 순간부터 우리는 새 것이 되었다. "그런즉 누구든지 그리스도 안에 있으면 새로운 피조물이라 이전 것은 지나갔으니 보라 새 것이 되었도다"(고후 5:17). 그러나 결혼 생활을 하면서 과거의 실망과 오해, 다툼 등의 기억을 떠내려 보내기란 여간 어려운 일이 아니다. 상처받고 실망하고 오해받고 무시당하고 비난받고 학대받은 기억은 도리어 더욱 무성하게 자란다.

오랫동안 부정적인 생각과 기억으로 마음이 굳어진 사람이 새로운 생각과 사고를 갖기란 어렵다. 오직 주님만이 오해와 억측의 광야에 길을 내시고 부부 관계의 메마른 땅에 강물이 흐르게 하실 수 있다. 어떤 결혼에든지 언젠가는 새 생명이 필요하다. 이 일은 부활의 하나님만이 하실 수 있다. 그러니 기도하라.

주님, 저희의 결혼에 새 시작을 허락하소서. 저희 각자의 삶을 새롭게 하여 주시고, 대화를 차단하고 소망과 즐거움마저 빼앗아가는 과거의 염증을 치료해 주옵소서. 저희 스스로 만든 황무지 속에 갇혀 있다면 주님께서 새 길을 내시어 저희로 그 길을 보게 하여 주옵소서. 굳고 메마른 땅이라면 새 호흡을 불어넣어 주셔서 새 생명을 자라게 하옵소서. 예전의 악의적인 대화를 반복하지 않게 하시고, 하나님께 헌신된 새 삶을 살게 하소서. 이기적인 생각, 고집, 무분별함, 무능함의 돌덩이들을 치워 주소서.

오직 주님만이 고통의 기억을 제거하실 수 있음을 잘 압니다. 앞으로는 과거의 문제, 상처, 부당함을 되풀이하지 않게 하소서. 저희로 하여금 완전히 용서하게 하시고 완전히 잊게 하소서. 저희가 서로의 허물을 보지 않게 하여 주시고 저희 안에 계신 주님의 위대함을 보게 하옵소서. 거룩하신 성령님, 저희 각자와 이 결혼 생활에 새 생명을 불어넣어 주옵소서. 예수님의 이름으로 기도합니다. 아멘

내가 남편에게 실망했을 때

그는 자기를 경외하는 자들의 소원을 이루시며
또 그들의 부르짖음을 들으사 구원하시리로다 _ 시 145:19

남편이 아내에게 상처를 줬거나 아내를 부끄럽게 했거나 배신했다면, 아내가 남편에게 실망하는 것은 당연하다. 하지만 사랑과 용서의 하나님은 남편을 완전히 용서하고 그에 대한 사랑을 회복하며 다시 존중할 책임을 아내에게 부여하셨다. 물론 아무 일도 없었던 것처럼 지내기는 너무나 어렵다. 남편의 잘못이 여러 번 반복됐거나 심각한 위기를 불러온 경우라면 특히 그렇다. 요컨대 하나님의 도우심 없이는 용서란 불가능하다는 것이다.

그러므로 이 일에 대해 아내들은 반드시 기도해야 한다. 먼저, 주님 앞에 나아가 모든 실망감과 상처를 고백하라. 당신의 마음을 치유하시고 남편을 용서할 수 있게 해 주시라고 기도하라. 남편의 실수가 절망적일수록 용서하기 힘들 것이다. 하지만 당신 자신과 당신의 결혼을 위해서, 최대한 신속하게 기도해야 한다. 용서하지 못하는 마음은 파멸을 불러올 뿐이다. 용서는 하나님의 방법이며, 하나님의 방법은 결국에는 항상 유익이 된다.

하나님께 정직하게 당신의 감정을 털어놓으라. 하나님은 이미 아시지만 당신에게 직접 듣기를 원하신다. 더불어 남편에게도 솔직해져야 한다. 남편은 자신의 잘못이 당신에게 어떤 영향을 주었는가를 이해할 필요가 있다. 용서는 남편을 하나님의 손에 맡김으로써 그분이 직접 남편을 대하시도록 하는 일이다. 어쩌면 이 일엔 기적이 필요할 수도 있다. 그러나 하나님은 기적의 대가이시지 않은가!

주님, 남편에 대한 실망감을 고백합니다. 제 모든 상처와 굳은 마음을 주님께 가져왔사오니 그것들을 깨끗케 하옵소서. 제 마음을 주님의 사랑과 용서로 채우소서. 저와 남편이 주님의 길에서 너무 멀어졌다면 저희를 돌이키시고 어디서부터 잘못되었는지를 보여 주소서. 남편의 마음을 돌이키시고, 제가 과잉 반응하고 있다면 저 역시 뉘우치게 하옵소서. 남편이 잘못을 뉘우치고 진리를 보게 하시고, 제가 혹여 남편을 질책하거나 무시했다면 제게 지혜를 주셔서 다른 방법으로 이끌어 주소서.

서로 간의 모든 상처의 말과 행동이 끝나기를 기도합니다. 저희는 주님을 닮기 원합니다. 부디 하나님을 기쁘시게 하는 말만 하게 하소서. 제 마음뿐 아니라 남편의 마음도 치료해 주시고, 모든 실망감을 잘 극복해 낼 수 있도록 도와주소서. 남편과의 관계에 드리워진 먹구름을 거두어 주소서. 예수님의 이름으로 기도합니다. 아멘

남편에게 새 방향이 필요할 때

사람이 마음으로 자기의 길을 계획할지라도
그의 걸음을 인도하시는 이는 여호와시니라 _ 잠 16:9

우리는 모두 주님의 인도가 필요하다. 수많은 속임수 속에서 성령님의 도우심 없이 거짓과 진리를 구별하기란 여간 어려운 일이 아니다. 성령님은 모든 일에 있어서 우리의 인도자이시며 지혜와 지식을 주시고 장래를 계시해 주시는 분이시다. 성경도 그렇게 증언한다. "그러나 진리의 성령이 오시면 그가 너희를 모든 진리 가운데로 인도하시리니 그가 스스로 말하지 않고 오직 들은 것을 말하며 장래 일을 너희에게 알리시리라"(요 16:13). 우리의 뜻대로 길을 계획하더라도 결국 걸음을 인도하시는 분은 성령님이시다. 그리고 성령님은 늘 옳고 바른 길로 우리를 안내해 주신다.

특히 남편에게는 주님으로부터 오는 지식과 인도가 날마다 필요하다. 따라서 아내는 남편이 이러한 지식과 인도를 공급받을 수 있도록 기도해야 한다. 남편이 자신에게 말씀하시는 하나님의 음성을 분명하게 구별하고 따를 수 있기를 기도하라. 좋은 의도로 남편에게 조언을 해 주는 사람이 있는가 하면, 자신의 이익을 위해 그를 조종하려는 사람도 있기 마련이다. 또한 남편의 인생을 향한 주님의 인도하심을 구할 때마다 당신 자신을 위해서도 동일하게 기도하라. 성령님이 남편과 아내의 삶을 각각 그리고 같이, 가장 바른 길로 인도하시는 유일하신 인도자이심을 잊지 말라.

주님, 지금까지 남편을 인도하신 주님께서 앞으로도 그의 길을 인도하시기를 기도합니다. 특히 그가 결정을 내리는 매 순간마다 그와 함께하여 주옵소서. 그로 거짓말과 진리를 구별하게 하셔서 속임수에 넘어가지 않게 하시며 잘못된 길로 접어들지 않게 도와주소서. 남편이 주님의 말씀을 읽고 묵상함으로써 진리가 그의 마음에 거하게 하시고, 주님의 지혜의 물줄기가 그의 마음에 흐르게 하옵소서. 그의 삶을 향하신 주님의 최선으로부터 남편이 멀어지려 할 때마다 그 마음에 경고음이 울려 깨닫게 하옵소서.

그리고 저도 동일한 은혜로 인도하소서. 저희 부부가 내려야 하는 결정의 고비 고비마다 제가 남편의 내조자이자 조력자로서의 역할을 잘 감당하게 하옵소서. 오직 주님만이 저희 각자의 삶의 최선책을 아십니다. 그리고 오직 성령님만이 저희를 진리 가운데로 인도하십니다. 항상 주님의 진리를 알도록 저희 부부를 인도하소서. 예수님의 이름으로 기도합니다. 아멘

우리에게 진정한 사랑이 필요할 때

사랑은 오래 참고 사랑은 온유하며 시기하지 아니하며 사랑은 자랑하지 아니하며 교만하지 아니하며 무례히 행하지 아니하며 자기의 유익을 구하지 아니하며 성내지 아니하며 악한 것을 생각하지 아니하며 불의를 기뻐하지 아니하며 진리와 함께 기뻐하고 모든 것을 참으며 모든 것을 믿으며 모든 것을 바라며 모든 것을 견디느니라 사랑은 언제까지나 떨어지지 아니하되 _ 고전 13:4-8

하나님은 우리가 어떻게 서로 사랑해야 하는지를 분명히 말씀하신다. 그런데 간혹 우리는 이 사랑이 다소 애매모호하게 표현되었기를 바라기도 한다. 주님의 도우심 없이는 이러한 사랑을 지속적으로 실천할 수 없기 때문이다. 하나님은 우리가 오래 참고 온유하며 시기하지 않는 사랑을 하기를 원하신다. 또한 교만하지도 무례하지도 자기의 유익을 구하지도 않는 사랑을 하기 원하신다. 성내거나 악하지 않고 불의한 요소들이 배제된 사랑, 타인에게 있는 최악이 아닌 최선을 믿으며 타인의 실패가 아닌 성공을 기뻐하는 사랑을 원하신다. 더불어, 결코 포기하지 않고 끝까지 참는 사랑을 옹호하신다.

하나님은 다른 사람을 위해서 뿐 아니라 아내가 남편을 위해 이러한 사랑을 표출하기를 원하신다. 그리고 남편 역시 아내를 위해 이러한 사랑을 실천하기를 바라신다.

그러나 우리에게 이러한 사랑의 성품이 가당키나 한가? 이기적이지 않고 끝까지 참으려는 마음이 조금이라도 있기는 할까? 모든 것을 참으며 모든 것을 믿으며 모든 것을 바라는 사랑이 대체 어떻게 가능하겠는가? 바로, 당신 안에 있는 주님의 사랑이 이 모두를 가능하게 하실 수 있다. 하나님의 사랑에 도달하는 방법은 기도와 찬양과 예배를 통해 주님의 임재 안에 거하는 것이다. 그러니 성령님을 초청하여 주님의 사랑으로 날마다 당신을 새롭게 하시고 변화시켜 주시도록 기도하라.

주님, 주님의 놀랍고 무조건적인 사랑을 저와 남편의 마음에 부어 주소서. 주님이 저희를 사랑하신 것같이 저희도 서로 사랑할 수 있도록 도와주소서. 성령님이 주님의 사랑으로 저희를 채우실 때 서로를 향하여 이 사랑이 흘러 넘칠 것을 잘 압니다. 무례하지 않고 이기적이지 않은 사랑, 서로에게 적대적이지 않고 쉽게 성내지 않는 사랑, 주님이 각자에게 주신 최선을 믿는 사랑, 분을 품지 않고 잘못을 기억하지 않는 사랑, 어떤 상황에서도 서로를 옹호하고 희망과 신뢰를 저버리지 않는 사랑, 결코 포기하지 않는 사랑을 갖게 하옵소서. 저희 부부가 한결같이 서로를 사랑하게 하옵소서.

주님, 주님이 행하시는 기적 없이는 이러한 사랑을 꿈꿀 수도 없음을 깨닫습니다. 부디 저희의 삶에 주님의 임재하심과 사랑이 지속적으로 거하게 하소서. 예수님의 이름으로 기도합니다. 아멘

내가 나쁜 습관을 버려야 할 때

내가 행하는 것을 내가 알지 못하노니 곧 내가 원하는 것은 행하지 아니하고 도리어 미워하는 것을 행함이라 …이제는 그것을 행하는 자가 내가 아니요 내 속에 거하는 죄니라 _ 롬 7:15, 17

좋아하지도 원하지도 않으면서 간혹 나쁜 버릇이나 행동들을 반복할 때가 있다. 건강에 해가 되고 재정적으로나 결혼 생활에도 좋을 게 없는 이런 행동을 하고 나면 대개는 후회하며 죄책감을 느끼게 된다.

위의 성경 말씀에서 사도 바울은 해야 할 일을 하지 않고, 해서는 안 될 일을 할 때의 상황을 설명한다. 이런 상황은 죄가 우리 몸을 지배하거나 우리의 육신이 그 원하는 바를 소리 높여 절규할 때, 혹은 사탄이 우리 육신의 연약함을 이용해 그에게 저항할 힘을 빼앗아갈 때 일어난다. 따라서 주님의 도움 없이 이 버릇을 고치겠다고 나서면 곤란하다. 한동안은 그럭저럭 해낼 수도 있겠지만, 다시금 나쁜 습관을 반복하는 것은 시간문제다.

다행히도, 사도 바울은 희망을 가져도 좋은 이유를 제시한다. 바로 몇 구절 뒤를 보자. "이 사망의 몸에서 누가 나를 건져내랴"라는 자문에 바울은 "우리 주 예수 그리스도"라고 자답하고 있다(롬 7:24-25). 예수님은 나쁜 습관은 물론 우리 몸을 파괴하는 모든 행위로부터 우리를 건져 내실 수 있다.

그러니 하나님의 뜻이 아닌 나쁜 습관이나 욕구로부터 당신을 자유하게 하여 주실 것을 기도하라. 예수님으로 인하여 우리가 육체의 지배에 굴종치 않아도 됨을 감사하라. 예수님은 우리를 자유케 하셨을 뿐 아니라, 그분이 주신 자유의 길에서 우리를 인도하신다.

주님, 제가 가진 나쁜 습관들을 주님의 빛으로 드러내 주시고 그것들을 제 인생에서 태워 주소서. 오랫동안 버리고 싶었던 나쁜 습관의 지배를 받지 않게 하시며, 도리어 그것들을 지배할 수 있게 해 주소서. 성령님의 권능으로 박차고 일어나 제 연약함과 싸우게 하옵소서. 제 삶을 향하신 주님의 뜻이 아닌 것을 알면서도, 계속 집착하게 하는 기질이 제 안에 있다면 이 기질을 없애 주시기를 간구합니다. 잘못된 습관을 통해 마음속 공허함을 채우려는 부질없는 시도를 멈춰 주소서.

원하는 것은 행하지 않고 도리어 미워하게 만드는 마음의 분란을 제거하여 주옵소서. 주님, 죄의 포로 된 저를 자유케 하시어 자신은 물론이고 남편과 자녀에게조차 해를 끼쳤던 고질적인 죄로부터 건져 주소서. 다시 나쁜 습관에 빠뜨리려 하고, 마음의 평화를 깨트리려 하는, 모든 시도들로부터 저를 구원하여 주옵소서. 주님의 강함이 제 인생 가운데 드러나기 원합니다. 예수님의 이름으로 기도합니다. 아멘

남편의 짐이 무거울 때

너희가 짐을 서로 지라 그리하여 그리스도의 법을 성취하라 _ 갈 6:2

현대 사회는 가장의 어깨에 지나치게 무거운 짐을 얹어 놓는다. 가족을 부양할 책임을 주고 자기 일을 훌륭하게 수행할 것을 요구한다. 남자에 대한 이러한 기대치들이 본인에게 중압감으로 작용하는 것은 당연하다. 심각한 재정 위기에 봉착했을 때 다수의 남자들이 자살을 선택하는 이유가 여기에 있다. 사실 재정적 문제로 자살을 선택하는 여자는 드물다. 그럴 때 여자들은 대개 가진 것을 다 팔아 빚을 갚고 일자리를 구해 새 출발을 모색한다. 반면 남자들은 재정 실패를 생명을 위협하는 요인으로 간주한다.

남편의 짐을 나눠지는 가장 좋은 방법은 바로 그를 위해 기도하는 것이다. 남편의 중압감을 살펴 간절히 기도하고, 당신이 남편을 위해 기도하고 있음을 그가 알게 하라. 또 그의 짐이 무엇인지를 물어보라. 어쩌면 당신이 미처 생각하지 못했던 일이 남편을 괴롭히고 있을 수도 있다.

하나님은 우리의 무거운 짐이 종종 압제자로부터 온다고 말씀하신다. 그러나 하나님은 압제자가 만들어 놓은 무거운 짐을 성령의 권능으로 깨뜨릴 수 있다고도 말씀하신다. "그날에 그의 무거운 짐이 네 어깨에서 떠나고 그의 멍에가 네 목에서 벗어지되 기름진 까닭에 멍에가 부러지리라"(사 10:27). 여기서 기름anointing oil이란 성령님의 역사를 일컫는데, 당신의 기도로 성령님은 남편의 어깨에 놓인 압제자의 멍에를 부러뜨리실 것이다. 그러니 기도를 통해 남편을 돕고 '그리스도의 법'을 성취하는 데 일조하길 바란다.

주님, 제 남편이 짊어진 무거운 짐을 주님 앞에 완전히 내려놓게 되기를 기도합니다. 주님께 저희 짐을 벗어 놓을 때 주님은 저희를 "붙드시고" 저희가 "요동함을 허락하지 아니"하시리라고 말씀하셨습니다(시 55:22). 제가 기도로 남편의 짐을 나눠질 수 있도록 인도하시고 그를 도울 또 다른 방법이 있으면 제게 보여 주옵소서. 남편을 가장 짓누르고 있는 짐이 무엇인지, 그리고 제가 그 짐을 어떻게 가볍게 만들 수 있는지도 알려 주소서.

그의 삶에 임재하시는 주님을 통해 그의 무거운 짐이 풀어질 수 있기를 기도합니다. 주님의 멍에를 맬 때 안식을 얻게 됨을 그가 깨닫도록 도와주소서. 남편이 자신의 마음에 있는 재앙과 고통을 보고 주님께 기도나 간구를 할 때마다, 주님께서 들으시기를 간구합니다(대하 6:29-30). 또한 주님이 그의 짐을 지실 때마다 남편으로 하여금 자신의 짐을 지시는 분이 주님이심을 깨닫게 하소서. 예수님의 이름으로 기도합니다. 아멘

우리에게 하나님의 능력이 필요할 때

너희 믿음이 사람의 지혜에 있지 아니하고
다만 하나님의 능력에 있게 하려 하였노라 _ 고전 2:5

전적으로 무기력한 상황에 빠진 적이 있는가? 꽁꽁 얼은 빙판길을 달릴 때 브레이크가 말을 듣지 않아 넋을 잃은 적이 있는가? 이 같은 상황에서는 통제력을 완전히 상실하기 때문에 공포감이 밀려들며 우리가 너무나 연약한 존재임을 절감하게 된다.

하나님께 대하여 가장 놀랍고 경이로운 사실 중 하나는 우주의 주관자이신 그분의 힘을 우리에게 부여하신다는 점이다. 하나님은 그분의 힘을 우리에게 나눠 주셔서 도저히 할 수 없는 일을 해내게 하신다. 물론 우리 편에서는 하나님의 힘을 통솔할 수 없고 오직 하나님만이 통솔하실 수 있지만, 우리에게도 할 수 있는 일이 한 가지 있다. 바로, 우리 인생에서 하나님의 능력을 나타내시도록 기도하고 기다리는 일이다. 즉, 순종이 필요하다. 순종은 무기력한 상황을 극복케 하시는 혜택에 대해 우리가 지불해야 할 대가이다.

하나님은 당신 부부가 "경건의 모양은 있으나 경건의 능력은 부인"하는 삶을 살기를 원치 않으신다(딤후 3:5). 그분은 당신이 능력 있는 삶을 살기를 원하시며 "그의 힘의 위력으로 역사하심을 따라 믿는 우리에게 베푸신 능력의 지극히 크심이 어떠한 것을" 알기 원하신다(엡 1:19-21). 천지를 지으시고 홍해를 가르시고 죽은 자 가운데서 예수님을 부활시키시고 눈 먼 자를 보게 하시고 병든 자를 고치신 하나님의 능력이, 당신이 어찌해 볼 수 없는 상황에서 당신을 구출하시는 바로 그 능력이다.

주님, 가장 불가능한 상황을 가지고 주님께 나아옵니다. 이 상황을 개선하기 위해 저희가 할 수 있는 일은 아무것도 없지만 주님께 불가능이란 없음을 압니다. 성령님의 권능으로 저희 삶에 기적을 만드시옵소서. 주님의 능력을 저희 부부에게까지 확장하심을 믿게 하여 주옵소서. 저희는 주님께서 온 우주를 다스리심을 압니다(시 65:6). 주님은 큰 권능과 강한 손으로 저를 구원하셨고 구속하셨습니다(느 1:10).

온 땅을 두루 감찰하사 전심으로 주님을 향하는 자들을 위하여 능력을 베푸시는 주님(대하 16:9), 저는 제 일생 동안 주님을 섬기며 제 삶에 기적을 베풀어 주신 주님을 찬양하며 살겠습니다. 주님이 계시지 않으면 미물에 불과한 저일지라도, 주님을 제 삶의 주관자로 모셨기 때문에 제게는 모든 것이 가능함을 믿습니다. 제 인생에 불가능한 것은 없습니다. 예수님의 이름으로 기도합니다. 아멘

내가 유쾌하게 말해야 할 때

선한 말은 꿀송이 같아서 마음에 달고 뼈에 양약이 되느니라 _ 잠 16:24

아침에 눈을 뜨자마자 남편에게 어떤 말을 하는가? 유쾌하고 긍정적인 말인가? 주님의 사랑과 기쁨으로 무장한 말인가? 아니면 어제의 분노와 실망감으로 뒤범벅된 말인가? 가족과 남편의 그날 분위기를 결정짓는 데 있어서 엄마이자 아내의 역할은 매우 중요하다.

아침 준비로 분주하거나 기분이 언짢거나 남편에게 화가 났거나 마음이 심란한 상태라면, 부스스한 모습으로 깨어 나오는 남편을 보면서 유쾌한 아침 인사를 던지기가 쉽지 않다. 새벽까지 잠을 설쳤고 마음은 온통 부정적인 데다 아침에 남편에게 해야 할 우울한 얘기들을 이미 쌓아 둔 상태라면 기분 좋은 말로 하루를 열기가 도통 불가능할 것이다. 그러한 가운데 곱지 않은 말들이 오간다면, 그날의 시작이 순조롭지 못할 것은 불 보듯 뻔하다.

아침에 눈을 뜨자마자 해야 할 일은 남편의 "영혼에 꿀송이"가 될 유쾌한 말을 주시도록 주님께 기도하는 일이다. 비록 그 순간에 남편이 그러한 말을 들을 자격이 안 된다 하더라도 말이다. 주님이 주시는 적절한 태도로 아침을 맞이한다면 당신의 하루가 놀랍도록 달라질 것이다. 남편의 태도도 당신 말에 가시가 박혔을 때와는 사뭇 다를 것이다. 부드러운 말은 고통을 줄이고 위대한 치료를 가능하게 한다. 굳이 불편하게 하루를 시작할 필요가 있겠는가!

주님, 아침에 눈 뜨자마자 제일 먼저 새날을 주신 주님께 감사하고 주님의 사랑과 희락을 맛보며 기도하기를 원합니다. 그리하여 남편에게 건네는 첫마디가 그의 영혼을 즐겁게 하는 유쾌한 말이 되게 하소서. 부드럽고 온화한 영혼을 가진 아내가 되게 하셔서 기운을 돋우는 유쾌한 말, 뼈에 양약이 되는 말을 하도록 도우소서.

간혹 유쾌하고 달콤한 말을 하기 어려운 아침이 있습니다. 이때는 저를 남편과 가족들에게 주님의 사랑을 전하는 강력한 통로로 써 주소서. 저로 곁에 머물고 싶은 사람이 되게 하시고, 부정적이고 흠 잡는 것을 일삼는 사람이 되지 않게 도와주소서. 또한 아직까지 지워지지 않는 남편의 잘못된 언행을 용서하게 하소서. 어제의 일을 주님께 내려놓고 오늘의 일을 제대로 시작할 수 있게 하소서. 예수님의 이름으로 기도합니다. 아멘

남편이 파괴적인 행동을 멈춰야 할 때

끝으로 너희가 주 안에서와 그 힘의 능력으로 강건하여지고
마귀의 간계를 능히 대적하기 위하여 하나님의 전신갑주를 입으라 _ 엡 6:10-11

아내로서 남편의 파괴적인 행위를 지켜보기란 여간 괴로운 일이 아니다. 자신의 건강을 해치고 가족을 위태롭게 하는 일을 반복적으로 저지르는 남편은 아내와 가정의 미래를 벼랑 끝으로 몰고 가는 위험천만한 행위를 자행하는 셈이다. 뿐만 아니라 이러한 행동은 본인을 신체적, 정서적으로 망가트리고 가정을 재정적 파탄에 몰아넣는다. 알코올 중독이나 마약, 도박, 흡연, 무모한 식습관 등의 고질적 악습은 본인을 파괴할 뿐 아니라 아내와 자녀들까지 위험에 빠트린다. 아내 입장에서는 평생 그 상황 속에 살아야 한다는 생각이 무엇보다 큰 악몽이다.

어쩌면 당신의 남편은 심각한 행위를 일삼지는 않더라도 안전 불감증으로 인해 불필요한 위험을 야기하고 있을 수도 있다. 가령 과속을 일삼거나, 위험한 장비를 부주의하게 다루거나, 위급한 상황에도 병원을 가지 않거나, 의사의 처방을 따르지 않아 도리어 건강을 해치고 있는지도 모른다. 그러나 이런 상황에서 아내가 할 수 있는 일은 그리 많지 않다. 남편에게 적극적인 의지가 있는 만큼만 아내에게도 개입할 여지가 생기기 때문이다. 그러나 아내가 기도한다면 하나님이 기적을 베푸실 것이

다. 하나님은 그 아내만큼이나 남편이 자유로워지기를 원하신다. 아내의 기도는 남편이 진리에 눈뜨도록 도울 뿐 아니라 하나님의 전신갑주를 입어 사탄의 간계를 능히 대적할 수 있도록 돕는다.

주님, 남편의 파괴적인 행동으로부터 그를 풀어 주시기를 기도합니다. 자신의 어리석음을 깨닫게 하시고 그를 옭아맨 사슬을 끊어 주옵소서. 육신의 연약함이 그를 지배할 때마다 그에게 힘을 주시고, 마귀가 그의 삶에 세운 견고한 성을 무너뜨려 주옵소서. 그의 행동이 저와 아이들에게 그리고 다른 가족과 친지들에게 어떠한 영향을 끼치고 있는가를 깨닫도록 이끄소서.

제게도 이 상황의 개선책을 알려 주소서. 파괴적인 행동은 주님의 뜻이 아니며, 그만한 대가를 치러야 함을 압니다. 남편의 부주의한 행동으로 인해 저나 제 아이들이 그 대가를 지불하는 일이 없기를 기도합니다. 이 행위를 하게 하는 원인이 무엇이든 간에, 주님께서 이로부터 남편을 온전히 구원하시기를 기도합니다. 주님은 남편의 등을 떠밀어 주로부터 멀어지게 하려는 그 어떤 세력보다도 위대하고 능력 있으십니다. 주님의 뜻대로 남편을 이끌어 가실 것을 기도드립니다. 예수님의 이름으로 기도합니다. 아멘

우리가 서둘러서는 안 될 때

지식 없는 소원은 선하지 못하고 발이 급한 사람은 잘못 가느니라 _ 잠 19:2

지식 없이 내린 성급한 결정이나 기도하지 않고 내린 섣부른 결정은 한 가정을 문제에 봉착하게 한다. 특히 배우자의 반대에 부딪혀 일방적으로 내린 성급한 결정은 부부 관계에 심각한 분열을 불러온다.

좋은 생각인 줄로 알았던 어떤 일을 실행했다가 하나님의 개입 없이 실패했던 적이 어디 한두 번이던가? 잠언은 "자기 집을 해롭게 하는 자의 소득은 바람"이라고 기록한다(잠 11:29). 이처럼 어리석고 성급한 짓은 배우자는 물론 그 집을 해롭게 한다. 이 점을 반드시 기억하라. 마땅히 해야 할 생각을 하지 않고 주님의 인도하심이 없이 내린 결정이나, 충분한 사전 정보와 지식 없이 내린 결단 등은 문제의 시작을 알리는 전주곡이 된다.

가정의 미래를 위협하는 지각없고 무책임한 배우자로 인해 반복적으로 희생을 치를 수는 없지 않은가? 그러나 짐을 지고 가기에 너무 무거운 순간은 반드시 오고야 만다. 이 일이 당신 부부에게 일어나지 않도록 기도하라. 모든 일에 지혜를 주시도록 기도하라.

부부 중 어느 누구도 하나님의 길이 아닌 어딘가로 성급하게 내달리지 않도록 유념해야 한다. 주님을 기쁘시게 할 가정의 모습을 바로세우라. 이로써 자녀들로 하여금 기도의 본을 배우며, 올바른 선택의 순간을 익히도록 이끌라.

주님, 지혜와 지식을 주셔서 저희 부부가 주님의 인도하심을 구하지 않은 채 성급히 결정하지 않게 도와주소서. 저나 남편이 섣불리 결정한다면 저희에게 분명한 계시를 주시어 심각한 실수를 저지르기 전에 멈출 수 있도록 해주소서. 특히 겉보기에 옳은 일을 충동적으로 벌이지 않게 하시고, 주님의 인도하심을 기다린 후에 옳다고 깨달은 일을 하게 하옵소서.

잘못된 방향으로 한걸음이라도 내딛어서 결국 문제에 봉착하는 일이 없도록 하시고, 저희를 곁길로 가지 않게 하옵소서. 저희 자신의 방법이 아닌 주님의 방법대로 살게 하시고, 속임수의 길로 접어들려 할 때마다 진리에 눈뜨게 해 주옵소서. 주님이 축복하시지 않는 일에 시간과 물질을 투자하지 않게 하옵소서. 육신의 욕구가 저희의 결정을 지배하지 않도록 도우시고 지혜와 선한 판단력을 주시어서 항상 옳은 길에 머물게 하소서. 또한 결정을 내릴 때마다 침착하게 성령님의 인도하심을 구하게 하옵소서. 예수님의 이름으로 기도합니다. 아멘

내가 기대치를 수정해야 할 때

나의 영혼아 잠잠히 하나님만 바라라 무릇 나의 소망이 그로부터 나오는도다 _ 시 62:5

아내들은 대개 배우자에 대한 기대치가 높다. 그래서 가끔은 보고 싶어 하는 것만 보고 봐야 하는 것은 외면하는 경향이 있다. 더욱이 남편이 그 기대치에 부합하지 못하면 실망하곤 한다. 이때 실망감은 변덕, 불만, 무례, 무시, 비난의 말이나 대화 단절 등으로 표출된다. 이런 식으로 아내는 자신이 세운 기대치의 피해자가 되고, 남편 역시 그 대가를 치른다. 하지만 성경은 그렇게 말씀하지 않는다. 위의 말씀에서는 잠잠히 하나님만 바라기를 원하며 자신의 소망을 주님 안에 둔 다윗 왕을 보여 준다.

부디 남편 본연의 모습을 있는 그대로 바라보라. 그리고 오직 하나님만이 하실 수 있는 것들에 대해 그를 들볶지 마라. 남편은 그 아내에게 결코 모든 것이 될 수 없다. 오직 하나님만이 당신을 충족시키실 수 있다. 당신이 세운 모든 기대치에 남편이 부합하지 않는다면 하나님께 나아가 그 필요를 채워 달라고 요청하라. 특히 배우자에 대한 신의, 사랑, 배려, 재정적 지원, 보호, 예의 등 마땅히 남편에게 바라야 할 항목들을 기억하라. 만약 남편이 이 부분에서 기대를 저버리고 있다면, 하나님이 그에게 원하시는 것도 이뤄지지 않을 것이므로 더욱 열심히 기도해야 한다. 그러나 그 밖의 것에 관해서는, 남편이 아닌 구주이시요 구원자이신 주님을 바라보며 마음을 가다듬으라.

주님, 제가 남편에게 바라는 기대치 중 부당한 것이 있거나 남편이 아닌 주님께 바라야 하는 것들이 있으면 알려 주소서. 남편이 제 정서적인 필요들을 모두 채울 수 없다는 것과 저 또한 남편에게 그런 기대를 갖는 것이 옳지 않음을 압니다. 안락함과 편안함, 성취감과 마음의 평화를 얻기 위해 남편이 아닌 주님을 바라보기를 원합니다. 남편이 제게 공급하는 모든 좋은 것들에 감사하며, 그의 불완전함을 비난하지 않게 하옵소서.

주님, 제 영혼이 잠잠히 주님을 바라게 하시고 주님께 제 모든 기대치들을 맞추게 하여 주소서. 또한 혹시라도 제가 어떤 식으로든 남편의 자아상에 부정적인 영향을 끼쳤다면 이 일을 남편에게 사과하게 하시고 그의 상한 마음을 치유하여 주옵소서. 무엇보다 남편이 제가 원하는 모습이 아니라 하나님께서 원하시는 모습대로 살아갈 수 있기를 기도합니다. 제 바람을 남편이 아닌 주님께 돌리게 하심으로, 남편에게 바랄 권한이 없는 기대치들로부터 자유하게 하옵소서. 예수님의 이름으로 기도합니다. 아멘

남편이 두려움에서 벗어나야 할 때

하나님이 우리에게 주신 것은 두려워하는 마음이 아니요
오직 능력과 사랑과 절제하는 마음이니 _ 딤후 1:7

남편의 삶이 성령님이 아닌 다른 것의 지배를 받고 있다면 그로부터 반드시 벗어나야 한다. 남편의 두려움을 내어 쫓으시는 하나님의 완전한 사랑이 절실한 때다. 성경은 "사랑 안에 두려움이 없고 온전한 사랑이 두려움을 내쫓나니 두려움에는 형벌이 있음이라 두려워하는 자는 사랑 안에서 온전히 이루지 못하였느니라"고 기록한다(요일 4:18). 그러니 남편의 마음과 정신, 영혼이 하나님의 사랑으로 가득 채워져서 그 삶의 모든 두려움을 증발시켜 주실 것을 기도하라.

물론 세상을 살면서 경계해야 할 것들은 얼마든지 있다. 그리고 자신과 가족을 안전하게 지키기 위해 지각 있는 두려움을 갖는 것은 현명한 일이다. 이를테면 낯선 사람에게서 자녀를 지키고 무단 침입자를 경계하는 것은 당연하다. 자신과 가족을 유해한 데 노출시키지 않는다는 측면에서, 이런 종류의 두려움은 일종의 보호막이 된다. 하지만 두려움의 영에 사로잡히면 억압의 사슬에 얽매이고 만다.

두려움이 행동의 발단이 되는 사람은 현명한 결정을 내릴 수 없다. 그러므로 남편이 두려워하는 것을 알려 주실 것과, 모든 사악한 두려움에서 남편이 자유하게 되기를 기도하라. 또한 "하나님이 우리에게 주신 것은 두려워하는 마음이 아니고 능력과 사랑과 절제하는 마음"이라고 남편에게 말하라. 하나님은 우리가 두려움을 가지고 살기를 원하지 않으신다. 다만 하나님은 당신 부부가 그분을 두려워하기를, 즉 그분을 경외하기를 원하신다.

주님, 남편을 모든 두려움에서 건지시기를 기도합니다. 두려움이 덮칠 때마다 주님의 사랑으로 그를 온전하게 하시고 그 사랑이 모든 두려움을 내어쫓음을 깨닫게 하여 주옵소서. 두려움 때문에 결정하는 것이 아니라, 성령님의 인도를 받는 결정을 내리도록 이끌어 주소서. 남편의 삶을 억압하고 변질시키고 제한하는 모든 두려움을 없애 주시고 주님의 임재하심 가운데 자유가 있음을 깨닫도록 도와주소서.

주님, 제게 있는 모든 두려움 역시 멸하시기를 기도합니다. 주님의 사랑으로 저를 채우사 자유하게 하시고, 제 영을 온전케 하여 주옵소서. 제가 두려움을 이김으로, 남편이 자기 두려움과 싸울 때 그에게 힘과 격려가 되게 하옵소서. 두려움은 저희를 돌보시는 주님의 능력을 믿지 못함에서 생깁니다. 부디 저희 믿음을 강하게 하셔서, 저희가 종의 영을 받지 아니하고 아빠 아버지라고 부르짖게 하시는 양자의 영을 받았음을 알게 하소서(롬 8:15). 예수님의 이름으로 기도합니다. 아멘

우리가 사탄의 거짓말을 분별해야 할 때

너희는 하나님께 복종할지어다 마귀를 대적하라 그리하면 너희를 피하리라 _ 약 4:7

우리 모두에게는 영적인 원수가 있다. 그러나 사탄의 존재를 모르거나 믿지 않는 사람에게는 사악한 일을 식별하고 대적할 능력이 존재하지 않는다. 특히 결혼은 영광을 받으실 목적으로 하나님이 남자와 여자를 한 몸으로 묶으신 것이기에, 사탄은 이 결혼 생활을 훼방 놓고 망치고 싶어 안달이다.

사탄은 "도둑질하고 죽이고 멸망시키려고" 온 거짓말의 발명가이다(요 10:19). "마귀는 거짓말쟁이요 거짓의 아비가 되었음이라"라고 성경은 기록한다(요 8:44). 사탄은 거짓말로 희락을 도둑질하고 사랑의 불씨를 끄며 관계를 파괴한다. 하나님의 말씀에 어긋나는 생각을 끊임없이 부채질하고 당신의 불안과 의심을 교묘히 이용해 부부 관계에 오해와 갈등을 조장한다. 그러면서 자기 거짓말이 진실이며 하나님의 진리가 거짓말이라고 끊임없이 속삭인다.

당신 부부에게 결혼의 기반을 약화시키고 위협할 일이 생겼다면, 이 중 무엇이 육신의 일이고 무엇이 사탄의 계략인지를 구별하게 해 주시라고 기도하라. 그리고 이 두 가지를 모두 대적하라. 사탄의 거짓말을 분별하려면 하나님의 진리로 무장해야 하므로, 늘 주님의 말씀으로 양식을 삼으라. 그러면서 하나님의 방법에 순종하여 살 것과 주님의 주 되심을 찬양하며 살기로 선택하라. 그러면 사탄은 도망갈 것이다.

주님, 저희 부부가 사탄의 거짓말을 분별할 수 있기를 기도합니다. 특히 부부간에 긴장과 갈등이 있을 때는 더욱 그리하게 하옵소서. 저희를 주님의 계획으로부터 멀어지게 하려는 사탄의 계획을 알아차리게 하시고, 분열과 혼동의 영을 간파하게 하옵소서. 이 시간, 저희 부부의 삶을 주님께 올려드립니다. 모든 삶의 영역에서 주님께 순종하게 하시고 주님의 법도에 따라 살기를 선택하게 하옵소서. 주님의 말씀이 저희 마음에 심겨져서 저희 삶의 일부가 되게 하옵소서.

다툼이 갈등으로 번지거나, 좋지 않은 태도로 서로를 대하거나, 부부의 연합을 막는 의심과 비판의 목소리가 고개를 들 때마다, 곧바로 멈추게 하여 주소서. 주의 영이 아닌 어떤 다른 영이 저희 삶의 조그만 한구석이라도 차지하게 내버려두는 일이 없게 하소서. 저희가 빛에 거할 때 원수 마귀는 우리를 피하는 줄로 압니다. 주의 지혜로 그에 담대히 맞서게 하소서. 예수님의 이름으로 기도합니다. 아멘

내가 집안일을 잘해야 할 때

자기의 집안일을 보살피고 게을리 얻은 양식을 먹지 아니하나니 그의 자식들은 일어나 감사하며 그의 남편은 칭찬하기를 덕행 있는 여자가 많으나 그대는 모든 여자보다 뛰어나다 하느니라 _ 잠 31:27-29

결혼을 한 사람이든 안 한 사람이든 자신의 일에서 성공하고픈 마음은 한결같다. 육아와 집안일이든, 한 기업의 CEO로서 고소득을 버는 전문직이든, 아니면 집안일과 회사일을 병행하는 것이든 마찬가지다. 특히 가정을 세워가는 일도 여느 일 못지않게 중요하다. 이 일의 중요성을 간과해서는 절대 안 된다. 당신이 출퇴근하는 직장인이거나 전업주부이거나 상관없이 집안의 모든 일은 중요하다.

매일의 일상에서 성취감과 목적의식, 즐거움과 보람을 찾는다면 체력이 바닥나는 대신 도리어 힘을 얻게 되고 무기력해지기 보단 재미를 느끼게 될 것이다. 그럼으로써 당신은 더욱 재치 있는 사람, 어울리고 싶은 사람으로 변모해 갈 것이다. 당신의 본분을 더 잘 해내고 싶은가? 그렇다면 주님께 그 일을 내어 드리라. 그분은 어렵고 힘든 일이나 한없이 지루하고 따분한 일조차 의미 있고 생산적인 일로 바꿔 주실 것이다.

여자라면 누구나 멋진 아내이자 엄마가 되기를 원하고, 가정의 유능한 연출자가 되기를 바라며, 사회의 유능한 일원이 되기를 희망한다. 그러나 한편으로, 사람들이 이런 바람을 갖는다는 것은 모든 사람에게 이 일이 가능하지 않음을 뜻하기도 한다. 오직 모든 일에서 뛰어나게 해 주실 하나님께 의지할 때만이 이런 바람을 실현할 수 있을 것이다. 부디 기도로 힘써 주의 뜻대로 살기를 간구하라.

주님, 제가 하는 모든 일을 축복하여 주옵소서. 제게 허락하신 일들을 이해하고 훌륭하게 해낼 수 있도록 도와주소서. 힘들고 어려운 일이나 매일매일 반복되는 지루한 일상에서도 목적을 발견하게 하소서. 또한 저 혼자의 힘으로 해낼 수 있는 것 이상으로 성취할 수 있도록 이끌어 주소서. 일처리 방식에 변화가 있어야 한다면 제 마음에 활기와 명료함을 주시어 이러한 변화를 잘 모색할 수 있기를 기도합니다.

한편 직장일과 관련해서, 만나는 모든 사람들이 제게 호의를 갖게 되기를 기도합니다. 또한 제 직분을 더 효율적으로 수행할 수 있도록 도와주옵소서. 모든 일에서 올바른 태도를 갖게 하시고 최선을 다하게 하옵소서. 무엇보다, 제 삶을 향하신 주님의 뜻과 제게 주신 은사를 분명히 알 수 있게 하소서. 매 순간마다 저를 인도하시는 주님의 임재를 지각하게 하시고 맡은 일들을 통하여 성취감과 만족감을 얻도록 도와주옵소서. 예수님의 이름으로 기도합니다. 아멘

남편이 마음을 바꿔야 할 때

너희는 이 세대를 본받지 말고 오직 마음을 새롭게 함으로 변화를 받아 하나님의 선하시고 기뻐하시고 온전하신 뜻이 무엇인지 분별하도록 하라 _ 롬 12:2

누구에게나 재충전과 변화가 필요한 순간이 있다. 그런데 이때 주님의 뜻과 먼 생각을 하면서 애써 눈을 감는 경우가 있다. 하지만 그래서는 우리 삶이 별 탈 없이 지나갈 리 없다. 하물며 성령님의 지배가 꼭 필요한 결혼 생활에서 이런 일이 벌어진다면 더더욱 치명적이다.

우리가 깨어 있지 않으면, 세상은 어떤 식으로든 우리 삶을 침범한다. 그러므로 남편이 이를 분별하고 주님의 선하심과 위대하심과 능력에 온전히 의지할 수 있기를 기도하라. 아내가 남편의 마음을 바꿀 수는 없지만, 세상의 풍습을 본받지 않고 하나님의 법도를 따르려는 욕구를 주시도록 하늘 아버지께 기도할 수는 있다.

또한 특정한 때만 기도하는 것이 아니라, 수시로 남편의 마음을 살피며 기도해야 한다. 어떤 생각이 그의 마음을 침범하고 있는지 본인도 모를 수 있으니 말이다.

남편의 생각이 하나님과 멀어져 있거나 그분의 진리와 떨어져 있다면, 그 마음을 변화시키시고 그리스도의 마음을 주시도록 기도하라. 남편의 마음을 새롭게 하심으로 이 세대를 본받지 않고 "하나님의 선하시고 기뻐하시고 온전하신 뜻이 무엇인지를 분별"할 수 있게 해 주실 것을 기도하라.

주님, 남편의 마음을 변화시켜 주소서. 세속적인 욕구를 버리게 하시고 주님과 주님의 나라를 더욱 사모하게 하옵소서. 주님의 진리의 빛으로 남편의 생각을 드러내셔서 잘못을 깨닫게 하시고, 그의 생각의 궤도가 주님의 길에서 벗어나 있다면 이를 분명하게 인식하게 하옵소서. 남편이 세상적인 관습과 유혹에 타협함으로써 길을 잃지 않도록 이끄소서. 오직 주님만이 그의 생각을 아시고 그의 생각들을 주님의 뜻에 맞추어 바꾸실 수 있습니다.

진리로 둔갑한 거짓말에 속지 않게 하소서. 진리를 알게 하시어서 어떠한 속임수도 거부하게 하옵소서. 남편의 마음이 바뀌어야 하는 구체적인 사안이 있다면 그의 마음을 완전히 새롭게 하여 주소서. 만일 제 생각이 틀렸다면 제 마음을 새롭게 하여 주소서. 저희에게 그리스도의 마음을 주신 데 감사합니다. 마음에 각인된 진리의 말씀에 항상 의지하도록 저희를 붙잡아 주소서. 예수님의 이름으로 기도합니다. 아멘

우리가 서로를 최우선 순위로 삼아야 할 때

많은 물도 이 사랑을 끄지 못하겠고 홍수라도 삼키지 못하나니
사람이 그의 온 가산을 다 주고 사랑과 바꾸려 할지라도 오히려 멸시를 받으리라 _ 아 8:7

솔로몬 왕의 노래에서처럼, 홍수가 나더라도 사랑의 불을 끌 수 없고 사랑을 침몰시킬 수도 없다. 사랑 때문에 삶의 모든 권한을 포기한 사람에게, 사랑 이외의 그 어떤 것이 의미를 갖겠는가. 반대로 부를 지키려고 사랑을 포기한 사람은 훗날 그 부를 멸시하게 될지 모른다. 당신의 현재 재산이나 장차 일굴 재산이 부부의 사랑만큼 중요할 수는 없다. 이것이 배우자를 삶의 최우선 순위로 삼아야 하는 이유다.

대부분의 시간을 자녀 양육, 사회 활동, 교회 활동, 일과 사업 등에 투자하고 나면 정작 부부간에 의미 있는 시간을 갖기가 쉽지 않다. 정신없는 일상에서 깊고 의미 있는 방식으로 부부 관계를 지속하기 위해서는 집중적이고 구체적인 노력이 필요하다. 하지만 실상은 그렇지 못하다. 하루 일을 마치고 피곤에 찌든 채로 귀가하면 대화를 할 여력이 남지 않은 것만 같다. 그래도 시간을 내야 한다. 그렇지 않으면 결국 사랑이 침수되고 마음은 후회로 요동칠 것이다.

사랑의 불씨가 꺼지면 그 결과는 절망적이다. 혹시 이미 사랑의 불씨가 메말랐다면 서로를 다시 최우선 순위에 놓게 해 주실 것을 기도하라.

다행히 이런 일이 없다면 앞으로도 배우자가 최우선 순위일 수 있기를 위해 기도하라. 또한 바쁘고 피곤하더라도 상대방을 위한 시간을 가지라. 일주일에 한 번씩 외식을 하는 것이 결혼 상담가나 이혼 변호사를 만나는 것보다 훨씬 실속 있고 알찬 일이다.

주님, 남편과 제가 서로를 최우선 순위로 삼게 하시기를 기도합니다. 서로의 직분과 책임을 얼마간 내려놓고 둘만의 시간을 갖게 하소서. 함께하는 시간 없이는 주님이 원하시는 결혼 생활을 유지할 수 없습니다. 그러니 서로의 생각과 감정을 깊이 있게 나누게 하시고, 시간과 관심이 부족하다는 이유로 대화하지 않는 실수를 범하지 않게 하옵소서. 저희 각자에게 우리의 결혼의 목적을 상기시켜 주옵소서.

혹시라도 저희가 서로의 우선순위에서 밀려나 버렸다면 어떻게든 서로를 위로하고 보듬는 시간을 갖게 하심으로 그동안의 오해와 불신의 구름이 걷히게 하옵소서. 모든 문제를 허심탄회하게 꺼내놓고 현재진행형으로 소통하게 하옵소서. 무엇보다, 현재 가진 모든 부와 인맥보다 서로를 더욱 귀한 존재로 인정하게 하옵소서. 예수님의 이름으로 기도합니다. 아멘

내가 아내의 역할을 재확인해야 할 때

이러므로 남자가 부모를 떠나 그의 아내와 합하여 둘이 한 몸을 이룰지로다 _ 창 2:24

성경 말씀 중 "남자"man라는 단어가 등장하는 몇몇 구절이 여자에겐 해당되지 않는다고 생각하는 사람들이 더러 있다. 위 말씀만 해도 그렇다. 하지만 "남자와 여자를 창조하셨고 그들이 창조되던 날에 하나님이 그들에게 복을 주시고 그들의 이름을 사람mankind이라 일컬으셨더라"라는 기록을 보라(창 5:2). 즉 "man"은 "mankind"의 축약형일 뿐, 특정한 성별만을 가리키는 것이 아니다.

성경은 노아 시대의 홍수에 대해 이렇게 기록한다. "땅 위에 움직이는 생물이 다 죽었으니 곧 새와 가축과 들짐승과 땅에 기는 모든 사람이라"(창 7:21). 마찬가지로 이 말씀 속의 "man"은 모든 사람을 의미한다.

따라서 우리 여자들은 특히 이 점을 유념해야 한다. 그렇지 않으면 "세상은 남자의 것이며 여자는 이류 인간이다"라를 잘못된 잣대를 가질 수 있기 때문이다. 불행하게도 역사를 돌이켜보면 이런 시각을 가진 사람들이 의외로 많았다. 그러나 하나님의 관점에서 보면, 당신과 당신의 남편은 동등한 존재다. 관계상으로 각기 다른 본분을 부여하셨지만 아내를 남편보다 덜 중요한 존재로 여기지는 않으셨다.

부부 관계에서 인도자는 남편이지만, 인도자인 남편은 자신을 하나님께 복종시켜야 하며 동시에 아내와 관련한 자신의 결정에 대해 하나님께 책임 있는 대답을 할 수 있어야 한다. 그리고 아내는 결혼을 올바른 길로 이끄시기를 바라며 기도로 보필해야 한다.

주님, 결혼에서 아내 된 역할을 제대로 이해하기를 기도합니다. 주님은 남편과 아내를 한 몸으로 만드셨지만 남편이 인도해야 하고 아내는 복종해야 한다는 선을 그으셨습니다. 저는 나쁜 결정이나 잘못된 결정에 대해 남편에게 복종하고 싶지 않습니다. 특히 이 결정들이 저와 아이들에게 피해를 줄 때면 더욱 그렇습니다. 그러니 이러한 일이 생기면 남편에게 이 문제를 놓고 지혜롭게 말할 수 있도록 도와주소서.

다툼을 일으키지 않고 진실한 대화를 나눌 수 있도록 인도하시고, 단어들을 지혜롭게 선택하게 하옵소서. 남편 역시 조언해 주시는 주님의 음성을 듣게 하시며, 제 말에도 귀 기울일 수 있는 마음을 갖게 하옵소서. 만일 남편이 제 뜻을 무시하고 나쁜 결정을 내렸더라도 그를 진심으로 용서할 수 있는 마음을 주소서. 저희 가족을 인도하는 방법에 관하여 주님이 그에게 책임을 물으심을 잘 압니다. 저희 부부가 분쟁하는 두 사람이 아닌 연합하는 한 몸으로 같이 나아가게 하옵소서. 예수님의 이름으로 기도합니다. 아멘

남편의 직업에 주님의 인도가 필요할 때

네가 자기의 일의 능숙한 사람을 보았느냐 이러한 사람은 왕 앞에 설 것이요
천한 자 앞에 서지 아니하리라 _ 잠 22:29

남편이 자신의 꿈을 좇는 동안 아내가 가족을 부양하게 되는 때가 간혹 있다. 그런데 이때 남편이 하려는 일이 하나님이 축복하시지 않는 경우에 문제가 발생한다. 이 여파로 아내의 심신이 피로해지고 결혼 생활이 참을 수 없는 지경에 이르고 만다. 혹은, 남편이 좌절감을 갖고 매사에 과민해지는 경우도 있다. 모든 사람은 자신이 하는 일이 올바름을 확신할 수 있어야 한다. 잠시 동안만 하는 한시적인 일이더라도 그 일이 하나님의 뜻 가운데 있다는 확신이 있어야 한다.

그러므로 남편이 하나님께서 그에게 주신 은사를 이해할 수 있도록 기도하라. 또한 남편의 은사가 그 사명을 우선하지 않음을 알게 해 달라고 기도하라. 특히 결혼은 고귀한 사명의 일부로, 각자가 받은 은사가 아무리 대단하다 해도 이 사명보다 우선시해서는 안 된다.

남편이 현재 어떤 상황인지에 상관없이, 그가 하나님의 뜻 안에서 행할 수 있기를 기도하라. 남편이 잘못된 길에 있거나 하나님이 기뻐하시지 않는 일을 하고 있다면 그 사실을 부부 각자가 깨달을 수 있게 해 주시라고 기도하라. 또한 주님이 원하시는 일을 적시에 시작할 수 있게도

기도하라. 혹시 본인이 원하지 않는 일을 하느라 에너지가 고갈되어 간다면, 그 일에서 평화와 성취감을 얻게 하시든지 아니면 더 나은 일로 옮겨 주시라고 기도하라. 마지막으로 남편이 주님의 인도하심을 깨달았다면, 그 길을 잘 걸을 수 있게 해 주실 것을 기도하라.

주님, 남편이 자기 직업에 대해 주님의 음성을 들을 수 있기를 기도합니다. 주님이 원하시는 일을 할 수 있도록 그를 인도해 주소서. 주님이 주신 은사를 깨닫고 주님이 축복하시지 않는 커리어를 만들지 않게 하옵소서. 그가 현재 있어야 할 자리에 있다면 일로 만나는 사람들이 그에게 호의를 갖게 하시고, 그렇지 않다면 그가 해야 할 일과 그 일을 시작할 시기를 알려 주소서.

또한 회의 때마다 주님이 주관하시어서 다른 누구의 목소리보다 주님의 음성을 더 크게 들을 수 있도록 하시고, 모든 결정이 바른 길로 협의될 수 있게 하옵소서. 오직 주님만이 저희 삶의 여정을 아시오니, 일할 때마다 주님의 지혜를 사모하게 하옵소서. "이것이 바른 길이니 너희는 이리로 가라"(사 30:21) 하신 주님의 음성을 그가 듣게 하옵소서. 그리고 일을 하는 현장에서 주님이 주신 일이라는 확신을 갖고 성취감과 만족감을 얻게 하옵소서. 남편에게 주신 은사가 그의 길을 넓게 하며 또 존귀한 자 앞으로 그를 인도하는 역사가 있기를 원합니다(잠 18:16). 예수님의 이름으로 기도합니다. 아멘

우리가 빚을 청산해야 할 때

피차 사랑의 빚 외에는 아무에게든지 아무 빚도 지지 말라
남을 사랑하는 자는 율법을 다 이루었느니라 _ 롬 13:8

빚더미에 눌린 결혼 생활엔 숨 쉴 구멍이 없다. 특히 빚진 사람 따로, 갚는 사람 따로 라면 정신적 공황이 더 심각할 것이다. 그야말로 재앙의 시작이다. 빚은 지금껏 수많은 결혼을 파멸로 이끌었다. 그러므로 빚이라는 산사태가 당신을 덮치기 전에 그 빚을 줄이기 위한 모든 노력을 기울여야 한다. 빚은 그리스도의 사람이 짊어져야 할 짐이 아니다.

모든 빚을 갚을 때까지 채무 상환을 당신 부부의 우선순위에 두라. 담보 대출이나 자동차 대출 등과 같이 쉽게 상환이 가능한 경우거나, 다소의 편의를 위해 신용 카드를 사용하는 것은 괜찮다. 그러나 수개월간 빚을 진 상태이며 대출로 연이어 돌려 막는 경우라면 심각하다.

모쪼록 가계 재정을 잘 관리할 수 있는 지혜를 주시라고 기도하라. 전문적인 도움이 필요하다면 재정 상담가나 양질의 관련 서적에 주목하기 바란다. 무엇보다, 아내와 남편이 가계 재정을 어떻게 다룰 것인지를 합의하도록 기도하라. 다달이 나오는 청구서를 연체하지 않을 것과 매월 얼마간의 액수를 저축할 것, 그리고 형편이 안 되면 물품 구매를 하지 않을 것 등을 서로 합의하라. 부주의한 소비는 결혼 생활을 깨는 주범이

된다.

당신 부부가 서로간의 약속을 잘 지킬 수 있기를 위하여 기도하고, 이미 빚이 생겼다면 이 빚을 청산할 수 있기를 위해 기도하라. 허리를 휘게 하는 빚더미는 결혼 생활의 척추도 휘게 할 것이다.

주님, 저희 부부가 모든 빚을 갚을 수 있기를 기도합니다. 가계 재정을 다룰 때 지혜를 주셔서 수입을 초과해 지출하지 않게 하시고 상환 능력을 초과해 대출하지 않게 하옵소서. 미래를 위해 저축을 계획할 때 저희를 교육하여 주옵소서. 저희가 받은 모든 것이 주님께로부터 왔음을 항상 기억하며 금전 문제를 현명하게 다룰 수 있게 하옵소서(고전 4:7). 또 전문적인 도움을 얻으려 할 때 누구에게 가야 할지와 어떤 책을 읽어야 할지도 알려 주소서. 무엇보다 저희 부부가 모든 재정적 문제를 투명하게 함께 처리할 수 있게 하옵소서.

신용 카드를 지혜롭게 사용하게 하시고 사용 대금을 다달이 연체하지 않고 갚을 수 있게 하소서. 또한 불필요한 물건에 돈을 쓰지 않게 하소서. 무엇보다 주님이 명령하신 대로 주님께 드리게 하셔서 저희를 향하신 주님의 축복을 제한하는 일이 없게 하옵소서. 저희 가정의 재정을 주관하시고 모든 결정을 다스리옵소서. 예수님의 이름으로 기도합니다. 아멘

내가 끈기 있게 기도해야 할 때

항상 기뻐하라 쉬지 말고 기도하라 범사에 감사하라
이것이 그리스도 예수 안에서 너희를 향하신 하나님의 뜻이니라 _ 살전 5:16-18

어떤 경우에도 당신은 기도를 멈춰서는 안 된다. 하나님이 아브라함에게 소돔을 멸하겠다고 말씀하셨을 때, 아브라함은 그곳에 있을지 모를 의인들을 위해 하나님께 간청했다. 소돔에 50명의 의인이 있어도 그 도시를 멸하실 것인지를 묻자 하나님은 만약 있다면 계획을 철회하겠다고 대답하셨다. 아브라함은 다시 45명의 의인이 있어도 소돔을 멸망시킬 것이냐고 되물었고 이후 40명, 30명, 20명의 의인이 있으면 어찌시겠냐고 연거푸 물었다. 아브라함이 기도로 대화한 순간마다 하나님께서는 그만한 숫자의 의인이 소돔에 거주한다면 그곳을 멸하지 않으시겠노라고 대답하셨다. 마침내 아브라함이 아뢰었다. "거기서 십 명을 찾으시면 어찌하려 하시나이까" 그러자 하나님이 말씀하셨다. "내가 십 명으로 말미암아 멸하지 아니하리라"(창 18:32). 아브라함은 열 명에서 기도를 멈추었지만, 나중에 소돔이 멸망할 때 하나님은 네 사람을 구원할 계획을 세우신다.

바로 아브라함이 그랬던 것처럼, 우리도 지속적으로 기도하는 끈질김을 가져야 한다. 하나님은 소돔이 너무나 사악한 땅이어서 멸하실 수밖에 없었지만, 아브라함의 기도를 기억하신 주님은 그곳에 있던 롯과 롯의 아내 그리고 그들의 두 딸을 구원하셨다(창 19:29).

우리의 기도 역시 구원에 이르게 할 만큼 강력하다. 하나님이 만찬을 베푸시려 할 때 빵부스러기를 얻은 것에 만족하지 말라. 또한 지금의 평탄한 결혼 생활에 만족하지 말고 위대한 결혼 생활을 위해 기도하라.

주님, 제가 끈기 있게 기도할 수 있도록 도와주소서. 사랑, 이타적 생각, 친절함, 평안, 너그러움만이 남편과 저의 관계에 있어서 주님의 뜻이라는 것을 압니다. 하나님께서 저희들의 결혼에 세우신 이러한 기준치에 도달할 수 있도록 포기하지 않고 기도하기를 간구합니다. 저에게 우리의 결혼이 어떤 형상이기를 원하시는지 알려 주소서. 그리고 그 뜻에 따라 지속적으로 기도함으로 하나님께서 원하시는 형상을 이루도록 이끌어 주소서.

제가 아무리 노력한다 한들 제겐 남편의 고집을 꺾을 힘이 없습니다. 그러나 주님께서는 그 마음이 주님께로 향하도록 움직이실 수 있습니다. 주님께서 그리해 주시기를 기도합니다. 또한 제 남편이 자신의 삶에서 주님의 주권을 인정할 수 있기를 기도합니다. 하나님께서 우리 부부와 우리의 결혼에 이루시고자 하는 위대한 일들로 인해 미리 감사를 드립니다. 예수님의 이름으로 기도합니다. 아멘

남편이 단기간 떠나야 할 때

여호와께서 너를 지켜 모든 환난을 면하게 하시며 또 네 영혼을 지키시리로다
여호와께서 너의 출입을 지금부터 영원까지 지키시리로다 _ 시 121:7-8

때로 출장이나 레저 활동 등으로 남편이 며칠간 집을 떠나야 하는 경우가 있다. 만약 그즈음 부부간에 이상 기류가 흐른다면, 남편의 간섭 없이 혼자 집을 차지하는 것이 기쁠 것이다. 상황을 충분히 돌아보면서 왜 그와 결혼했는가를 상기해 보는 의미 있는 시간을 가질 수 있을 테니 말이다. 한편 부부간의 기류가 화창할 때도, 잠깐의 이별은 서로를 더욱 그리워하게 만드는 계기가 될 수 있으니 나쁠 것이 없다. 어떤 상황이든, 남편이 잠시 떠나 있는 시간은 그를 위해 기도해 줄 소중한 기회다.

남편이 떠나면, 먼저 그가 이용할 교통편이 안전하도록 기도하라. 그 다음 악한 자로부터 지키실 것을 기도하라(살후 3:3). 특히 남자는 집을 떠나 낯선 세계에 발을 들이면 여러 유혹을 받을 수 있다. 그러니 악한 자가 그를 만지지도 못하고 그가 하나님의 법을 위반하지 않도록 기도하라(요일 5:18).

한편 당장은 남편의 출장 계획이 없다 해도 미리 기도하라. 남편의 걸음걸음이 하나님 안에 있기를, 그가 무사히 귀가할 수 있기를 기도하라. 재충전의 시간을 갖고 기운을 회복하는 계기가 되기를, 돌아오는 길은

당신을 만날 생각에 행복해 할 수 있기를 위해 기도하라. 하나님이 남편과 동행하실 뿐 아니라 남편이 하나님과 동행할 수 있기를 위해 기도하라.

주님, 남편이 외출했을 때 그를 보호하시기를 기도합니다. 그의 교통편을 안전하게 지키시고 무사 귀가할 수 있게 해 주소서. 그의 걸음걸음을 축복하시고, 집을 떠나 있는 기간에 그를 주님께 더욱 가까이 이끄소서. 또한 저희 부부가 비록 몸은 떨어져 있을지라도 영적으로 서로에게 더 가까이 이끄시기를 기도합니다. 과거에 저희 사이에 있었던 문제와 다툼을 잊게 하시고, 저희가 공유하는 좋은 것들과 장차 함께할 미래를 감사하게 하여 주소서.

남편이 여행 중에 만나는 사람과 환경의 영향을 받는 대신에 주님과 주님의 방법에 더욱 민감하게 하여 주시고, 반석이요 요새시요 건지시는 주님과 동행하게 하여 주옵소서. 악한 자에게서 남편을 보호하시고 그의 건강과 영혼을 지키시며 출입을 지켜 주시기를 기도합니다. 그가 돌아왔을 때 저희 부부가 이전보다 더 잘 소통하게 하시며, 떨어져 있는 시간 동안 서로가 재충전하면서 부부 관계를 통찰력 있게 돌아볼 수 있게 하옵소서. 오늘도 남편을 주님께 의탁드립니다. 예수님의 이름으로 기도합니다. 아멘

우리가 우울증에서 벗어나야 할 때

여호와여 주께서 내 영혼을 스올에서 끌어내어 나를 살리사
무덤으로 내려가지 아니하게 하셨나이다 _ 시 30:3

부부 중 누구라도 우울증을 앓는다면 이 문제를 그냥 지나쳐서는 안 된다. 우울한 감정은 저절로 사라지지 않으며 오히려 시간이 흐를수록 더욱 강력해지기 때문이다. 따라서 그 이유가 무엇이든 간에 무기력함과 의기소침의 감정이 사라질 때까지 기도해야 한다. 특히 배우자와 함께 기도할 수 있다면 더 좋다.

대개 부부 중 한 사람만 우울증에 걸리는 것이 보통이지만, 심각한 경우에는 두 명이 동시에 우울증에 걸릴 수도 있다. 사정이 이렇다면, 성숙하고 믿을 수 있는 멘토를 초청하여 당신 부부와 함께 기도해 줄 것을 요청하라. 아무것도 하지 않은 채로 가만히 있어서는 안 된다. 우울증의 근원이 무엇인지 보여 주시고 어떻게 기도해야 할지를 알려 주시라고 주님께 요청하라. 또한 전문적인 도움이 필요한지를 주님께 여쭤 보라. 때로 우울증은 호르몬의 불균형이나 복용하는 약물의 이상 반응 때문일 수도 있다. 또한 삶의 온갖 스트레스를 감안하면, 이런 종류의 불균형이 없다는 것이 도리어 이상한 일이다. 더욱이 이 문제를 도와 줄 의사들도 얼마든지 있다.

무엇보다 하나님이 당신을 자유하게 하실 능력을 갖고 계심을 기억하라. 하나님은 직접 치유하실 수도 있고 기독교인 상담가와 심리학자, 정신과 의사 등을 통해 치료하실 수도 있다. 주님의 치유의 역사가 일어나기 위해서는 기도의 주춧돌을 쌓아야 한다. 그러니 우울증에서 벗어나도록 기도하고, 자유를 얻기까지 기도를 중단하지 마라.

주님, 저희가 이 우울함을 삶의 일부로 받아들이지 않게 하시고, 도리어 주님이 원하시는 삶의 방식과 정반대됨을 알게 하옵소서. 만성적으로 슬프거나 우울하고 그 감정이 좀처럼 사그라지지 않으면 전문가의 도움을 찾게 하소서. 또한 신체 호르몬의 불균형으로 인해 우울증이 계속된다면 대처 방법을 알려 주소서. 그리고 어떤 조치를 취하던 간에, 저희를 완전히 자유하게 하시기를 기도합니다.

현재의 암담한 상황으로 인해 우울증이 생겼다면 저희 삶에서 이 영향력을 끊어 주소서. 저희 각자에게 "영혼을 얻을" 능력을 주시고, 성령님의 지배만 받게 하옵소서(눅 21:19). 저희가 지혜롭게 행함으로 구원을 얻게 하옵시고, 저희를 기가 막힌 이 웅덩이와 수렁에서 끌어올리시며 두 발을 반석 위에 세워 주소서(잠 28:26). 새 노래 곧 하나님께 올릴 찬송을 저희 입에 두시고(시 40:1-3), 저희 영혼을 소생시키시고 주님의 이름을 위하여 의의 길로 인도하소서(시 23:3). 예수님의 이름으로 기도합니다. 아멘

내가 남편을 믿을 수 없을 때

너는 마음을 다하여 여호와를 신뢰하고 네 명철을 의지하지 말라 _ 잠 3:5

남편이 당신의 신뢰를 저버릴만한 일을 한 적이 있는가? 외도와 같은 심각한 사건이 아니더라도 재정적으로 가정을 부양할 책임을 게을리 했거나, 거짓말을 했거나, 당신을 함부로 대하고 당신이 모르는 일을 다른 사람과 공유한 적이 있는가? 더욱이 한 번 이런 일을 당한 아내는 똑같은 일이 반복될까 노심초사하게 된다. 이처럼 결혼 관계에서 신뢰는 대단히 중요한 요소다. 신뢰가 없으면 부부는 함께 살 수 없다.

가장 믿어야 할 사람을 믿지 못하게 되는 것은 대단히 슬픈 일이다. 혹시라도 이런 일이 일어났다면, 반드시 이 상황은 시정되어야 하고 문제를 해결해야 한다. 그리고 오직 하나님만이 부부 관계에 있어야 할 신뢰를 진정으로 회복시키실 수 있다.

남편이 신뢰를 잃을 만한 일을 했다면 그를 온전히 회개시키시도록 기도하라. 또한 남편을 기꺼이 용서할 수 있게 되기를 위하여 기도하라. 남편의 실수가 반복적인 것이라면 그를 용서하기가 매우 어렵지만, 의지만 있다면 하나님께서 당신의 마음속에 용서를 이루시는 것 역시 결코 어려운 일이 아니다. 그러니 모든 분노와 좌절감, 실망감과 두려움으로부터 당신을 자유하게 하시도록 기도하라. 그 후에는 남편과 당신의 마음속에 기적을 이루실 주님을 신뢰하도록 기도하라. 그러면 하나님이 신뢰의 힘을 당신에게 불어넣으실 것이다.

주님, 남편에 대한 신뢰를 잃었던 순간을 고백합니다. 그러나 이것은 주님이 원하시는 삶의 방식이 아님을 압니다. 부디 저희가 서로를 신뢰하도록 도우시고, 끊임없는 불신 속에서 전전긍긍하며 살지 않도록 하소서. 남편에 대한 저의 불신이 타당하지 않은 것이라면 상황을 제대로 파악할 수 있도록 도우소서. 그러나 제 불신이 타당한 것이라면 주님께서 회복의 기적을 베푸시기를 기도합니다.

먼저, 남편을 온전히 회개시켜 주시기를 기도합니다. 그가 주님 앞에 무릎 꿇게 하시고 그를 온전히 돌이켜 주소서. 또한 그가 제게도 진심어린 사과를 할 수 있게 이끄소서. 제가 남편을 완전히 용서할 수 있게 도우시고 주저 없이 남편의 말을 믿을 수 있게 하소서. 마지막으로 가장 간곡히 드릴 기도는 이것입니다. 이 상황을 바로잡으실 주님을 온전히 신뢰하도록 하소서. 부디 제 명철에 의지하지 않고 주님의 능력을 의지하게 하소서. 예수님의 이름으로 기도합니다. 아멘

남편이 예수님과 동행하기를 바랄 때

나는 포도나무요 너희는 가지라 그가 내 안에 내가 그 안에 거하면
사람이 열매를 많이 맺나니 나를 떠나서는 너희가 아무 것도 할 수 없음이라 _요 15:5

남편이 너무 바쁘거나 무언가에 정신이 팔려 있어서 주님으로부터 멀어진다고 생각되는가? 사실, 주님의 말씀을 묵상하고 기도와 찬양을 통해 주님과 지속적으로 소통하지 않으면 이런 일이 누구에게라도 일어날 수 있다. 만약 이러한 상태가 지금 남편의 삶에서 포착된다면, 포도나무인 예수님께 다시 접붙임 되어야 한다. 그렇지 않으면 아무리 노력해도 헛수고일 뿐이다. 그러니 자신의 삶에 예수님이 없다면 지속적인 가치를 갖는 그 어떤 것도 성취할 수 없음을 남편이 분명히 깨닫도록 기도하라. 삶의 열매를 통해 하나님이 영광 받기를 원하신다는 것을 그가 인식할 수 있도록 기도하라(요 15:8). 한편 아내인 당신 자신을 위해서도 동일하게 기도해야 한다. 밤낮으로 주님과 더 긴밀하게 동행하지 않으면 맺고자 했던 열매가 맺히지 않는다.

남편이 예수님과 동행하지 않는다면, 이를 위해 지속적으로 기도하라. 또한 동행하는 중이라면 남편이 주님과 더 가까이 있을 수 있도록 기도하라. 그러면 언젠가는 주님께서 기대 이상으로 풍성히 열매 맺게 하실 것이다. 주님과의 긴밀한 동행을 간구하는 아내의 기도로 유익을

얻지 못하는 남편은 이 세상에 없다. 당신 역시 이 기도를 통해 더욱 행복해질 것이다.

주님, 제 남편이 주님과 더욱 긴밀히 동행하기를 기도합니다. 남편으로 하여금 모든 좋은 것의 원천이신 주님을 인정하지 않고서는 아무것도 할 수 없음을 깨닫게 하옵소서. 남편의 주의가 산만해지고 주님과의 관계를 무시하게 될 때 그를 분별할 지혜와 통찰력을 그에게 주옵소서. 또한 제 남편이 주님과 주님의 말씀을 더욱 사모할 수 있도록 도와주소서. 그리고 제가 남편을 더욱 격려하고 도울 수 있는 길을 보여 주소서. 오직 주님만이 그의 마음까지 다다르는 방법을 아심을 고백합니다.

저 역시 참 포도나무이신 주님 안에 거하는 은혜를 사모합니다. 또한 주님께서 제 안에 사시기를 소망합니다. 그리하여 제 삶의 모든 영역에서 더 풍성한 열매를 맺게 하여 주옵소서. 특별히 남편과 저를 통해 주님의 생명이 흘러넘쳐, 저희를 보는 다른 사람들 역시 주님만이 모든 좋은 것의 근원이심을 깨닫게 하소서. 저희의 열매로 인해 주님의 이름이 찬양 받으시기를 기도합니다. 예수님의 이름으로 기도합니다. 아멘

우리가 성적으로 보호받아야 할 때

음행을 피하라 사람이 범하는 죄마다 몸 밖에 있거니와
음행하는 자는 자기 몸에 죄를 범하느니라 _ 고전 6:18

성적인 죄는 다른 죄보다도 심각하다. 그 이유는 몸 안에 파장을 남기기 때문이다. 우리 몸은 성령님의 성전이기 때문에, 마음으로 짓는 죄를 포함한 모든 성적인 죄는 내면에 엄청난 갈등을 만든다. 성적 유혹을 피하는 방법 중 하나는 하나님과 그분의 말씀에 가까이 머무는 것이다. 또 다른 방법은 배우자의 성적 필요를 등한시하지 않는 것이다. 성적 친밀감은 결혼의 연합을 이루는 중요한 수단이다. 마음과 정신과 신체를 연합하는 것은 부부간에 생길 수 있는 분열의 거점을 무너뜨리고 부부의 한 몸 됨을 재확인하는 행위이다.

대개의 남편들은 욕정의 기운이 도처에 도사리고 있는 세상에서 일한다. 따라서 음란의 기운이 그 모습을 드러냈을 때 저항할 수 있는 하나님의 보호와 능력이 반드시 필요하다. 아내 역시 마찬가지다. 연약하고 허물 많은 인생에서 당신 부부에게만큼은 부도덕한 일이 없으리라고 어찌 단정할 수 있겠는가? 더욱이 마음으로 짓는 죄도 직접적인 부정행위와 다를 바 없다. 생각은 여파를 낳기 때문이다. 이런 속임수에 현혹되지 않으려면 마음을 지켜야 한다.

만약 성적인 죄를 이미 저질렀다면 주님께 구원과 용서와 회복의 기적을 베푸시도록 기도하라. 배우자의 죄로 인해 혼자 아파하지 말고 다른 사람의 도움을 얻어라. 더불어 부부의 성관계가 결혼에서 매우 중요한 영역임을 기억하고, 이 영역이 냉담함이나 무심함에 더럽혀지지 않도록 힘써 기도하라.

주님, 저희 부부에게 성적 유혹에 저항할 힘을 주소서. 저희를 강건하게 하여 주시고, 저희로 하여금 불만을 품게 하려고 안간힘을 쓰는 세상의 거짓말에 속지 않게 하옵소서. 궁금하게 하고 보게 하고 굴복하게 하는 사탄의 유혹으로부터 저희를 보호해 주소서. 성적 유혹이 도사린 곳이라면 어디든 거침없이 자리를 박차고 일어나 주님께 피신하게 하여 주옵소서. 또한 그 일이 실제로 있기 전에 미리 볼 수 있게 하셔서 부도덕과 속임수의 덫에 빠지지 않게 하옵소서. 저희 몸과 마음과 정신을 다스리심으로 주님이 저희 삶에 향하신 거룩함을 옷 입고 살 수 있기를 기도합니다(살전 4:3-5).

혹시 남편이나 제가 이미 성적인 죄를 지었다면, 그 구속의 사슬에서 저희를 구원하여 주소서. 회복과 용서의 기적을 베풀어 주옵소서. 저희 부부에게 믿음을 주시고 절제하게 하시고 주님 말씀과 주님의 임재 앞에 굳게 서게 하셔서 성적인 죄가 다시는 저희 부부의 미래를 더럽히지 않게 지켜 주소서. 예수님의 이름으로 기도합니다. 아멘

내가 남편을 존경해야 할 때

그러나 너희도 각각 자기의 아내 사랑하기를
자신같이 하고 아내도 자기 남편을 존경하라 _엡 5:33

하나님은 아내가 남편을 존경해야 한다고 분명히 말씀하신다. 남자에게 있어서 존경을 받는 일은 절대적으로 중요한 문제다. 물론 아내 역시 남편의 존경을 받아야 한다. 다만 하나님이 이 문제를 아내의 의무로 명시하신 것은, 그만큼 아내들이 이 의무를 소홀히 하고 있기 때문일 수 있다. 위의 성경 말씀은 또한 남편들에게 아내를 사랑하라고 가르치고 있다. 그렇다면 이 역시 남편들이 아내 사랑의 의무를 등한시하기 때문일 수 있다. 요컨대 배우자에 대한 사랑과 존경은 결혼을 향한 하나님의 뜻이며, 하나님의 뜻은 항상 기도의 제목이 되어야 한다.

한편 아내는 남편을 매우 공경하지만 정작 그 마음을 표현하지 않기 때문에 아내에게서 존경 받지 못한다는 생각에 풀죽은 남편들이 의외로 많다. 실제로 남편에 대한 아내의 존경심은 한 번의 큰 사건으로 완전히 죽을 수도 있고, 시간이 흐르면서 점차 줄어들 수도 있다. 부디 이런 일이 생기지 않도록 깨어 경계하라. 그리고 이미 남편에 대한 존경심이 사라졌다면 그를 다시 존경할 수 있게 해 주실 것을 기도하고, 노력하라. 이 사안은 방치해도 괜찮을 만한 문제가 아니다. 아내의 존경을 받지 못할 때, 남편은 다른 곳을 찾아 헤맬 수 있다.

사랑과 존경이 자유롭게 교류될 수 있기를 위하여 기도하라. 또한 남편에게 존경받는다는 확신을 갖게 하려면 어떻게 해야 할지를 주님께 여쭤보라. 아내가 남편을 존경하면 남편은 자신을 가치 있는 사람으로 생각할 것이다.

주님, 주님이 원하시는 방식대로 남편을 존경할 수 있기를 기도합니다. 제가 남편을 높이는 마음이 작아졌다면, 그 마음을 원래대로 회복시켜 주소서. 남편의 그릇된 행동과 냉담함 때문에 그를 귀히 여기지 않게 됐다면, 저의 비판적인 태도와 낯선 마음을 다스려 주소서. 그가 저를 존중하지 않기 때문에 저 역시 그러한 것이라도 이 또한 죄인 줄로 압니다. 보복적 태도는 주님이 기뻐하시는 것이 아님을 알기 때문입니다.

주님, 주님이 보시는 방식대로 제가 남편을 보게 하옵소서. 마땅히 서로 간에 있어야 할 존중이 사라짐으로 인해 저희 사이에 커다란 벽이 생겼다면 이것을 깨닫게 하여 주옵소서. 상처받는 것이 두려워 제 마음을 굳게 닫아 두었다면 저를 용서하시고 남편을 다시 존경할 수 있게 하여 주소서. 남편의 장점과 그의 선한 행동들을 기억하게 하시고, 저를 괴롭게 하는 그의 단점들은 주님께 먼저 가지고 나아올 수 있게 하옵소서. 예수님의 이름으로 기도합니다. 아멘

남편이 비전을 잃어버렸을 때

묵시가 없으면 백성이 방자히 행하거니와 율법을 지키는 자는 복이 있느니라 _ 잠 29:18

남편이 미래에 대한 비전을 잃어버렸다는 것은 그가 목적의식을 상실하고 아침에 눈을 뜰 이유를 잃어버렸다는 뜻이다. 즉, 그는 하나님의 부르심에 대한 의미를 잘못 해석했고 선한 싸움을 싸울 명분을 잃어버린 것이다. 어쩌면 애초부터 목적의식과 사명감이 없었는지도 모른다. 왜 일해야 하는지, 왜 끊임없이 노력해야 하는지가 의아해졌을 수도 있다. 그러나 자신의 미래와 결혼 생활에 대한 비전이 없는 남편을 둔 아내는 행복할 수 없다. 성경은 비전이 없는 사람은 살 수 없다고 말씀하신다. 우리 영혼의 원수가 하나님께로부터 온 비전을 훔쳐 달아나려고 하는 데는 그만한 이유가 있는 것이다. 원수는 우리의 소망을 멸하고 우리의 목적의식을 파괴하려 든다. 그러나 남편을 위한 아내의 기도는 소망을 회복시키고 그의 인생에 놀라운 변화를 가져올 수 있다.

비전은 하루아침에 사라지지 않는다. 하루에 한 번씩 어느 때는 낙담으로 어느 때는 실망감의 모습으로 도난당한다. 그런데 이것을 알아차리기에 우리는 너무 바쁘고 지쳤다. 너무 오랫동안 뒤도 돌아보지 않고 달려온 탓에 이제와 돌이키기엔 너무 늦은 것만 같다. 어쩌면 이런 일이 지금 당신 남편에게도 일어나고 있는지 모른다. 그렇다면 기도할 때다. 남편이 어떤 비전을 가지고 있는지 살피고 그에 걸맞게 기도해야 한다. 남편이 비전을 찾게 하시는 주님의 음성을 들을 수 있도록 기도하라.

주님, 남편에게 미래에 대한 분명하고 강한 비전을 주시기를 기도합니다. 그의 미래는 곧 저의 미래이기도 합니다. 그가 겪은 많은 시련과 실망감 때문에 미래에 대한 희망을 저버렸다면, 그의 미래가 외부의 환경에 있지 않고 주님의 장중에 있음을 깨닫게 하여 주소서. 또한 현재의 일이 잘 풀려가고 있다고 해서 성공한 것이 아니라, 기도와 말씀 안에서 주님과 긴밀히 동행할 때 진정 성공할 수 있음을 깨닫게 하옵소서.

그가 무기력함을 느끼고 허튼 생각과 무분별한 행동, 무관심 등으로 인하여 그의 비전에 먹구름이 꼈다면 주님께 전적으로 의지함으로 명쾌하고 분명한 시각을 가질 수 있게 되기를 기도합니다. 과로와 걱정으로 비전을 잃었다면 그를 회복시키시고 기운을 북돋아 주시기를 기도합니다. 미래를 구체적으로 알 수는 없지만 주님 안에서 밝은 미래를 보장받았음을 그가 확신할 수 있게 하옵소서. 또한 그의 영적인 안목을 키워 주서서 자신의 미래가 주님 안에 있음을 발견하게 하옵소서. 예수님의 이름으로 기도합니다. 아멘

우리가 가정의 목적을 기억해야 할 때

그에게는 영이 충만하였으나 오직 하나를 만들지 아니하셨느냐 어찌하여 하나만 만드셨느냐 이는 경건한 자손을 얻고자 하심이라 그러므로 네 심령을 삼가 지켜 어려서 맞이한 아내에게 거짓을 행하지 말지니라 _ 말 2:15

남편과 아내와 자녀로 구성된 가정의 목적은 하나님을 영화롭게 하는 데 있다. 다만 여기서 분명히 짚고 넘어가야 할 것이 있다. 어떤 이유로든 자녀를 갖지 않는 부부라면, 불쾌해 하거나 양심의 가책을 갖지 말기를 당부하고 싶다. 사도 바울에게도 아내와 자녀가 없었다. 대신 하나님께서 그에게 특별한 계획을 가지고 계셨기 때문이다. 자녀가 없는 부부에 대해서는 하나님의 특별한 계획이 있을 수 있다. 당신이 자녀를 갖지 않는 것에 대해 평안하다면, 하나님의 계획은 다른 것일 수 있다. 그러나 평안이 없다면 다음과 같이 기도하라. 아이를 주시거나, 아이를 갖지 않는 것에 대해 평안함을 주시라고 말이다. 그러면 하나님께서 응답하실 것이다.

여하튼 결혼의 목적에 대한 단순한 진리는 하나님을 영화롭게 할 "경건한 자손"을 갖는 데 있다. 위의 성경 말씀은 남편이 아내에게 거짓을 행하지 말 것과 아내를 함부로 대하지 말 것을 가르친다. 주님은 남편과 아내 사이의 모든 일을 보고 계신다(말 2:13-14). 그분은 남편이 아내를 어떻게 다루는지와 아내가 남편을 어떻게 대하는지를 알고 계시며, 그 책임을 특히 남편에게 물으신다. 하나님은 남편이 아내에게 거짓을 행하지 않음으로써 결혼 서약을 영예롭게 하시기를 기대하신다. 자신을 사랑하듯 아내를 사랑하는 것은 남편의 의무다. 그리고 그 와중에 경건한 아이를 갖고 기르면 하나님이 영광을 받으신다. 가정은 위대한 부르심이며 고결한 목적이다. 부디 이 점을 잊지 말라.

주님, 남편과 제가 결혼의 목적을 기억하게 하시고 저희 자녀가 주님을 영화롭게 하기를 기도합니다. 주님은 저희를 한 몸으로 보심을 압니다. 그러니 저희가 서로를 향한 마음에 있어서 진정으로 하나가 될 수 있기를 기도합니다. 저희 부부가 각기 다른 세상에 살지 않게 하시고 매해마다 더욱 친밀하게 될 수 있기를 기도합니다. 저희 사이에 이상 기류가 있다면 그 기류를 멈춰 주시고 저희가 같은 곳을 볼 수 있도록 도와주소서.

한편 저희 부부가 서로를 대하는 방식에서와 자녀를 키우는 방식에서 주님을 영화롭게 하기를 소원합니다. 저희가 심령을 삼가 지켜서 항상 성령님의 지배를 받게 하소서. 저희 결혼과 가정의 목적이 주님을 영화롭게 하는 것임을 알지만, 주님의 도우심 없이는 이 목적을 성취할 수 없음을 또한 잘 압니다. 저희 자신과 가정의 영화를 구하는 데서 그치지 않고 오직 주님을 섬기려는 새로운 각오와 소망을 주시옵소서. 예수님의 이름으로 기도합니다. 아멘

내가 부정한 생각을 할 때

너희는 유혹의 욕심을 따라 썩어져 가는 구습을 따르는 옛 사람을 벗어 버리고 오직 너희의 심령이 새롭게 되어 _ 엡 4:22-23

여자라면 때때로 낭만적인 순간이나 운명적인 만남을 꿈꾸곤 한다. 그 꿈속의 등장인물이 남편이라면 문제될 게 없지만, 낯선 곳에서 누군가와의 음탕한 만남을 꿈꾸고 있다면 이야기는 달라진다. 이런 생각 말고도 비판적인 생각이나 두려움, 부정적인 생각, 옳지 않고 유익도 안 되는 생각들이 때때로 마음에 출몰하곤 한다. 모든 지킬 만한 것 중에 더욱 네 마음을 지키라고 주님이 말씀하시는 이유가 바로 여기에 있다.

주님께 속하지 않은 생각들이 마음에 들어올 때는 반드시 이 생각들을 거부해야 한다. 당신을 죽이려는 사탄의 함정에 빠져서는 안 된다. 하나님의 뜻을 멀게 하고 사탄의 계획을 가깝게 하는 생각들은 모조리 던져버릴 각오를 해야 한다(마 5:29).

당신은 자신의 마음을 지배하는 지휘권을 주님께 부여받았다. 그런 만큼 결정은 당신 몫이다. 음탕한 생각이 드는 것은 죄가 아니다. 하지만 그 생각이 마음속에 씨를 뿌리게 하고 무성하게 자라도록 내버려두는 것은 죄다. 당신의 옛사람은 "유혹의 욕심"을 따라 썩어질 수 있다. 그러나 당신의 새 사람은 새 마음을 갖기를 선택할 수 있다. 두려움과 의심과 음탕한 마음과 머릿속을 떠나지 않는 염려보다 훨씬 더 크고 위대하신 하나님을 찬양함으로써 새 마음 갖기를 선택하라. 온전히 새로워지기를 위해 기도하라. 그러면 하나님께서 도와주실 것이다.

주님, 하나님을 기쁘시게 하는 생각들로만 제 마음이 채워지기를 기도합니다. 남편이 아닌 다른 사람에 대해 음탕한 생각을 키워 왔다면 이것이 죄임을 고백합니다. 그리고 마음으로부터 이 생각을 거부합니다. 의심과 두려움, 판단과 불신으로 가득 찬 부정적인 생각들을 없애 주시고, 제 마음과 생각을 정결케 하옵소서. 오직 주님만이 그렇게 하실 수 있습니다.

어울리지 말아야 할 사람, 만나지 말아야 할 사람과의 교제를 끊게 하여 주시고 어떤 형태로든 제 안에 죄를 짓지 않도록 하여 주소서. 제 마음을 포로로 잡아 두려는 사탄의 간계에 굳게 서서 대적할 수 있도록 도와주옵소서. 제 마음을 주님의 진리로 무장하게 하셔서 주님의 진리에 반대되는 어떤 것도 거부하게 이끄소서. 예수님의 이름으로 기도합니다. 아멘

남편이 주님이 주신 자유를 찾아야 할 때

주는 영이시니 주의 영이 계신 곳에는 자유가 있느니라 _ 고후 3:17

모든 사람은 자유로워야 한다. 과거로부터 죄로부터 그리고 죄로 인한 구속으로부터 자유로워야 한다. 그래서 자신의 한계와 영혼의 원수로부터 벗어나야 한다. 벗어나야 할 대상은 끝도 없이 많다. 심지어는 그 무엇에도 자유할 필요가 없다는 생각으로부터도 자유해야 한다. 사탄이 하나님의 길에 있는 우리를 어떻게든 끌어내려서 유혹과 죄와 불순종의 함정에 빠뜨리려고 쉼 없이 꾀를 내기 때문이다.

남편이 버려야 할 것들을 아내가 알아차리기란 그리 어려운 일이 아니다. 이것들은 대개 매우 분명하게 드러난다. 굳이 어려운 점을 꼽자면, 자유해야 할 목록을 남편에게 끊임없이 상기시키려 들지 않고 그 문제들을 놓고 지속적으로 기도하는 일이다.

어쩌면 정작 남편 본인은 자유에 대한 필요를 인식하지 못할 수도 있다. "원래 그렇다"라는 생각이 굳어져 있다면 말이다. 반드시 고쳐야 할 부분이 있는데 본인이 모르고 있는 문제가 있다면, 그것을 드러내 주실 것을 기도하라. 남편의 마음이 진리를 향해 열릴 수 있기를, 주님과 당신과 선한 영향력을 끼치는 그리스도인에 대하여 열린 마음을 가질 수 있기를 기도하라. 그가 자유의 영이신 성령님의 임재를 간구할 수 있도록 기도하라. 응답 받기에는 너무 어려운 기도인 것 같은가? 그러나 하나님께 너무 어려운 일이란 없다.

주님, 주님이 주신 자유의 영에 감사드립니다. 남편이 주님의 길을 가지 못하도록 방해하는 모든 것으로부터, 그의 삶을 지배하는 모든 것으로부터, 잘못된 가치관, 나쁜 태도, 부정적인 생각이나 어리석은 행동으로부터 남편을 구원하여 주옵소서. 그를 중독과 유혹의 사슬에서 풀어 주시고 나쁜 습관을 떼어 버리게 하심으로 마음과 영혼이 오염되지 않게 하옵소서.

주님께 속하지 않은 무언가가 그의 심령을 붙들고 있다면 그의 눈을 들어 그 정체를 보게 하시고 그를 거부하게 하옵소서. 또한 참 자유를 추구하게 하심으로, 원하는 것을 다 하는 것이 진정한 자유가 아니라 주님의 뜻을 훼방하는 것으로부터 벗어나는 일이 진정한 자유임을 깨닫게 하옵소서. 주께서 그를 자유롭게 하면 그가 참으로 자유로울 것을 알고 감사드립니다(요 8:16). 예수님의 이름으로 기도합니다. 아멘

우리가 합심해야 할 때

보라 형제가 연합하여 동거함이 어찌 그리 선하고 아름다운고 _ 시 133:1

홍수 이후 노아의 자손들은 수적으로 크게 늘었는데, 그들은 모두 한 가지 언어를 사용했다. 그러던 어느 날 그들은 하늘에 닿기 위한 탑을 세우기로 마음먹었다. 그러자 하나님이 그들을 보시며 이렇게 말씀하셨다. "이 무리가 한 족속이요 언어도 하나이므로 이같이 시작하였으니 이 후로는 그 하고자 하는 일을 막을 수 없으리로다"(창 11:6). 마침내 하나님은 그들의 언어를 혼잡하게 하시고 그들을 각지에 흩으셨으며 바벨이라는 이름을 가진 이 도시의 탑 건설을 중단케 하셨다.

이 일화를 통해, 우리는 합심한 사람들이 한 언어를 말할 때 생기는 연합의 저력을 확인할 수 있다. 바벨인들은 한마음이었기에 누구도 그들을 막을 수 없었다. 그러나 그들의 의도는 하나님의 의도와 달랐고, 그 결과 그들의 연합은 부정적인 결과를 낳았다. 그러나 결혼은 이와는 다르다. 연합은 결혼을 묶는 힘이다. 그리고 이것은 하나님이 원하시는 바다. 당신과 당신의 남편이 연합하여 같은 말을 하는 것은 하나님의 뜻이다. 이때에야 비로소 당신 부부는 하나님이 애초에 계획하셨던 목적을 성취할 수 있게 되었다.

그러니 당신 부부가 목표와 방법, 의도, 행동들에 있어서 한마음일 수 있기를 기도하라. 예수님은 "진실로 다시 너희에게 이르노니 너희 중의 두 사람이 땅에서 합심하여 무엇이든지 구하면 하늘에 계신 내 아버지께서 그들을 위하여 이루게 하시리라"라고 말씀하신다(마 18:19). 당신의 기도 제목과 욕구가 남편과 합의되기를 기도하라.

주님, 남편과 제가 한마음을 품고 같은 말을 하게 되기를 기도합니다. 의사소통이 안 되는 경우가 가끔 있습니다. 이럴 때면 상대방의 뜻을 오해해 종종 갈등이 생깁니다. 주님의 완전한 지혜와 지식이 우리 부부 가운데 충만하기를 기도합니다. 성령님의 도우심으로 어떠한 상황에서든 서로를 잘 이해할 수 있게 하소서.

우리로 하여금 혼동과 거짓말, 속임수의 발명가인 사탄을 저항하게 하여 주소서. 그리고 부부 관계를 훼방하는 어떠한 계획에도 자리를 내어 주지 않게 하옵소서. 주님만이 우리의 결혼을 다스리시고, 우리 가운데 사랑과 평화의 주인이 되어 주옵소서. 주님은 연합하면 어떤 것이든 할 수 있다고 말씀하셨습니다(창 11:6). 이처럼 저희가 연합함으로 써 저희의 가정이 견고해지고 사탄이 저희 가운데 틈타지 못하도록 지켜 주소서. 저희가 연합하여 함께 기도함으로 주님의 응답을 받고 주님의 선하심과 축복이 저희 인생 가운데 드러나게 되기를 소원합니다. 예수님의 이름으로 기도합니다. 아멘

내가 남편을 세워 줘야 할 때

그러므로 피차 권면하고 서로 덕을 세우기를 너희가 하는 것같이 하라 _ 살전 5:11

가끔은 남편이나 아내의 자존감이 너무 낮아서 결혼 생활을 더 이상 지속하기 어려운 경우가 있다. 자존감을 낮추는 일들이 우리 인생에는 얼마든지 많다. 인생의 가장 든든한 지원군이 되어 주기를 바랐던 배우자가 낮은 자존감의 피해자가 되기를 바라는 사람은 아마 없을 것이다. 성경은 주님의 말씀이 우리를 든든히 세우신다고 기록한다(행 20:32). 너희는 너희의 지극히 거룩한 믿음 위에 자신을 세우며 성령으로 기도하라고도 말씀하신다(유 1:20). 이 말씀처럼, 덕을 세우고 우리를 든든히 세우는 진정한 힘은 주님과의 관계로부터 나온다. 다만 남편과 아내가 서로 격려하기를 등한시해서는 안 된다.

남편을 든든히 세우기 위해 무슨 말과 무슨 행동을 하면 좋을지를 주님께 물어보라. 어쩌면 '나를 위해 남편은 무슨 일을 했지?' 라는 생각에 미간이 찌푸려져 있을지도 모르겠다. 하지만 이런 생각에 지나치게 골몰하지 마라. 남편이 당신을 격려하고 위로하는 일에 소홀하다면, 당신의 감정이 어떤지를 주님께 아뢰라. 남편의 마음을 깨우쳐 주시고 당신 마음에 회복이 있기를 위해 기도하라.

남편이 당신을 세우기 위해 노력하든 그렇지 않든 간에, 남편의 좋은 행동을 의식적으로 더 칭찬하라. 그에게 고맙게 느껴지는 것들을 표현하고 감사하라. 감사의 인사가 서툴다면 남편에게 위로와 권면을 주는 것으로 주의 말씀에 순종하라. 당신이 기도하고 순종할 때, 하나님이 당신을 위로하시고 강하게 하실 것이다.

주님, 긍정적이고 올바른 방법으로 남편의 사기를 높일 수 있는 방법을 알려 주소서. 그가 스스로 부족하고 부적절하다고 자책하는 부분들을 깨닫게 하심으로, 그의 가치를 인정해 줄 수 있는 아내가 되게 하소서. 그가 낙심한 상태라면, 그의 공로와 재능을 상기시킬 수 있도록 도와주소서. 그가 받은 은사와 사명을 나눌 수 있게 하시고, 저도 몰랐던 그의 달란트가 있다면 그것들을 알려 주셔서 그에게 용기를 불어넣게 하옵소서.

혹여 남편이 제 언행 때문에 자신을 부족하게 느끼고 있다면 이 잘못을 회개합니다. 제가 그에게 잘못을 만회할 기회를 주시고 그의 상처들을 치료하여 주옵소서. 제가 그를 용서하지 못하고 원망하고 있는 부분들이 있다면 제 마음에 용서를 베푸시기를 기도합니다. 그리고 남편 역시 저를 위해 이 같은 노력을 기울이게 하여 주소서. 저희 부부로 하여금 "화평의 일과 서로 덕을 세우는 일을 힘쓰게" 하여 주시기를 기도합니다. 예수님의 이름으로 기도합니다. 아멘

남편이 용서하기 힘든 일을 저질렀을 때

비판하지 말라 그리하면 너희가 비판을 받지 않을 것이요 정죄하지 말라 그리하면 너희가 정죄를 받지 않을 것이요 용서하라 그리하면 너희가 용서를 받을 것이요 _ 눅 6:37

용서는 종종 미완성일 때가 많다. 그러나 그래서는 안 된다. 용서하지 않는 마음은 하나님의 뜻이 아니다. 하나님은 우리가 완전하게 그리고 즉각적으로 용서하기를 원하신다. 실제로 그분은 이미 우리를 위해 그렇게 하셨다. 물론 그분은 하나님이시고 우리는 아니다. 우리는 항상 그렇게 완벽할 수 없다. 적어도 하나님의 도우심 없이는 말이다. 사실 하나님도 이 사실을 알고 계신다. 그래서 우리가 용서할 수 있도록 도우신다. 특히 결혼에 있어서 용서는 없어서는 안 될 요소다.

결혼에 관한 끔찍한 사연들은 너무도 많다. 남편의 외도로 결혼에 종지부를 찍을 수밖에 없었던 사연, 속임수나 거짓말을 일삼는 남편, 경제적으로 무책임한 남편, 음주나 도박, 마약 문제를 안고 있는 사람도 있다. 아이를 키우는 데 전혀 무관심한 사람도 있고 욕설을 하거나 심지어 폭력을 휘두르는 사람도 있다. 이런 행위들은 신뢰와 소망, 즐거움과 삶의 열정을 빼앗아가므로, 결코 묵살해서는 안 될 중요한 문제들이다. 이런 일이 당신에게 일어났다면 반드시 치유를 받아야 하는데, 치유의 첫 단계가 바로 용서다. 이 말은 가만히 앉아서 현실을 그대로 받아들이라는 뜻이 아니다. 학대는 사탄의 수단이며 스스로 개선되지 않는다.

남편이 용서하기 어려운 일을 저질렀다면 하나님께 당신을 도우시도록 요청하라. 그러면 하나님이 도우실 것이다. 남편을 용서한다는 것이 그를 바로잡는다는 뜻이 아님을 기억하라. 용서는 당신을 자유하게 한다. 평안 가운데 살기 위해서는 용서하지 못하는 마음에서 자유해야 한다. 오직 하나님만이 용서받을 수 없는 사람을 용서하도록 도우신다.

주님, 남편을 용서하고 싶은 마음이 제게는 없습니다. 그러나 용서를 선택해야 함을 압니다. 용서가 아닌 다른 길을 선택하면 결국 막다른 길에 다다르게 됩니다. 제가 제 삶을 계속 살아갈 수 있도록 저로 하여금 남편을 용서하게 도와주소서.

어떤 식으로든 이 상황에 대한 저의 책임이 있다면, 치유받기 위해 제가 해야 할 일도 알려 주소서. 만약 온전히 남편의 잘못이라면, 그의 마음을 돌이키시고 그를 주님께로 이끄시고 상황을 바로잡아 주옵소서. 단, 남편이 자신의 행동을 회개하고 주님과 주님이 주시는 회복을 간구하기 전까지는 그에게 평안을 허락하지 마옵소서. 또한 남편이 주님 안에서 참 자유를 발견했다면, 제가 이 일로 인해 그를 더 이상 비난하지 않도록 도와주소서. 주님께서 저를 완전히 용서하셨듯이 저도 남편을 완전히 용서할 수 있도록 도와주소서. 예수님의 이름으로 기도합니다. 아멘

우리에게 경제적인 지혜가 필요할 때

여호와께서 주시는 복은 사람을 부하게 하고 근심을 겸하여 주지 아니하시느니라 _ 잠 10:22

하나님은 우리가 그분을 사랑하고 섬길 때 "그리스도 예수 안에서 영광 가운데 그 풍성한 대로 너희 모든 쓸 것을 채우시리라"고 약속하셨다(빌 4:19). 그러나 이 약속은 날마다 매순간마다 넘치도록 주시겠다는 의미는 아니다. 하나님은 경제적인 필요를 들어 우리를 연단하시기도 하고 훈련하시며 가르치신다. 주님은 우리가 가난한 자를 못 본 체 하지 않기를 원하시고(잠 28:27), 먼저 하나님을 구할 때 재정적인 모든 필요가 채워질 것을 믿기를 원하시고(눅 12:29-31), 여호와를 찾으면 모든 좋은 것에 부족함이 없음을 알고 인내하기를 원하시며(잠 34:10), 무엇보다 가장 급박한 순간 우리가 그분을 먼저 찾기를 원하신다. 그러면 필요한 모든 것을 우리에게 주신다고 약속하셨다(눅 12:31).

경제적인 축복을 위하여 기도할 때는, 먼저 가정의 재정 상황을 제대로 파악해야 한다. 지출을 줄여야 할 상황인가? 더 간소하게 살아야 하는가? 무언가를 매각할 필요가 있는가? 직장을 옮겨야 하는가? 그렇다면 기억하라. 다윗 왕은 한 번도 "의인이 버림을 당하거나 그의 자손이 걸식함을 보지 못하였다"고 했다(시 37:25). 또한 "여호와를 경외하라 그를 경외하는 자에게는 부족함이 없다"고도 덧붙였다(시 34:10). 이러한 다윗 왕의 고백이 당신에게도 큰 위로가 되게 하라. 하나님의 방법대로 살 것과 그분의 인도하심을 구하기로 작정하라. 그리고 그분이 주시는 부요함 속에는 근심이 겸하여 오지 않음을 믿고 기도하라.

주님, 저희 가정을 축복하시고 지금까지 부양해 주신 것을 감사드립니다. 이제 저희의 경제 상황을 주님께 올려드립니다. 주님께서는 저희의 모든 쓸 것을 채우시겠다고 말씀해 주셨습니다(빌 4:19). 천국의 창고 문을 열어 저희에게 물질의 축복을 부어 주옵소서. 재정을 다루는 지혜를 주시고 어리석은 결정을 하지 않도록 도와주소서.

저희의 사업이 주님의 뜻 가운데에 있지 않다면 저희를 향한 주님의 계획을 분별할 수 있게 하소서. 그리고 저희 눈을 뜨게 하사 가게 씀씀이와 관련해 주님의 뜻에 어긋난 부분들을 볼 수 있게 하여 주소서. 주님과 이웃에게 더 많이 드려야 한다면 저희 마음을 깨우쳐 주소서. 절약하고 지출하고 투자하고 관리하는 데 있어서 주님의 지혜를 사모합니다. 저희의 참된 보물은 주님 안에 있음을 압니다. 그 진리대로 온전히 살고 있지 못하다면 저희를 용서해 주시고 저희를 돌이켜 주옵소서. 예수님의 이름으로 기도합니다. 아멘

나에게 내적 부흥이 필요할 때

그러므로 우리가 낙심하지 아니하노니 우리의 겉사람은 낡아지나
우리의 속사람은 날로 새로워지도다 _ 고후 4:16

　주님과 동행하는 사람이 얻는 이점 중 한 가지는, 세월이 흐르고 나이가 들어도 그 사람의 속사람은 나날이 새로워진다는 것이다. 피곤하고 아프고 녹초가 되고 몸은 삐걱거리고 기력이 쇠퇴한다 하더라도 주님과 동행하는 사람의 정신과 영혼은 날마다 새로워진다.

　실제로 삶에 대한 만족도가 떨어지고 자신감이 떨어질수록 다른 사람과 어울리는 것이 망설여진다. 자신이 늙고 지친 것 같아, 누군가에게 가까이 다가가는 것이 꺼려질 수도 있다. 실제로는 전혀 그렇지 않은 데도 말이다. 그런데 이런 생각을 떨쳐버리게 하는 묘책이 있다. 바로 주님 안에서 새로워지기를 선택하는 것이다. 우리가 주님과 긴밀히 동행할 때, 그분은 우리를 새롭게 하신다.

　늙어 가는 것은 인생의 순리이지만 주님은 정신과 마음과 영혼을 새롭게 하시겠다고 약속하셨다. 그렇다고 해서 속사람을 새롭게 하기 위한 긴장 속에서 고군분투할 필요는 없다. 주님의 임재 안에 거하면 반사적으로 그리고 자연히 그렇게 되기 때문이다. 주님께 기도하고 그분을 찬양하고 예배할 때 주님께서는 성령으로 당신을 새롭게 하실 것이다.

성령님이 머무시는 곳에는 스트레스와 초조함, 의심과 두려움이 머물 자리가 없다. 그분의 임재 안에는 활기와 젊음과 회복만이 존재한다. 바로 지금, 당신을 새롭게 해 달라고 기도하라. 그러면 하나님이 당신의 속사람을 새롭게 하실 것이다. 나이가 들어갈수록 이 은혜는 더욱 각별하다.

주님, 제가 주님과 동행하기 때문에 해가 갈수록 새롭게 됨을 감사드립니다. 제 미래가 주님 손 안에 있으니 다가올 미래를 걱정하지 않습니다. 제 안에 계신 성령님으로 인해 제 내면이 갈수록 부요해지니, 매해 더욱 기뻐할 수 있어 감사합니다. 제가 남편에게 항상 매력적으로 보이게 해 주시고, 저희 부부가 같이 늙어 가면서 서로 안에 숨은 최선을 볼 수 있게 도와주소서. 나이가 들어갈수록 성령님이 주시는 아름다움이 더 커질 수 있기를 기도합니다.

마르지 않는 생수의 근원인 주님의 말씀을 사모합니다. 거울에 비친 제 모습이 초라해 보일 때마다 그 모습에 낙담하지 않게 하시고, 제 깊은 내면에 비치는 주님의 아름다운 형상을 보게 하여 주소서. 주님이 주시는 희락과 평안이 제 용모에 빛을 더하시기를 기도합니다. 오늘도 저를 새롭게 하심으로, 흘러가는 시간이 주님의 선하심을 증거하는 간증의 시간이 될 수 있도록 이끌어 주소서. 예수님의 이름으로 기도합니다. 아멘

남편의 마음에 평안이 없을 때

우리가 육신으로 행하나 육신에 따라 싸우지 아니하노니 우리의 싸우는 무기는 육신에 속한 것이 아니요 오직 어떤 견고한 진도 무너뜨리는 하나님의 능력이라 모든 이론을 무너뜨리며 하나님 아는 것을 대적하여 높아진 것을 다 무너뜨리고 모든 생각을 사로잡아 그리스도에게 복종하게 하니 _ 고후 10:3-5

누구나 때로는 마음에 동요가 생긴다. 하나님의 방법과 법도에 반대되는 삶을 살 때 생기는 정신적인 동요는 우리를 괴롭히려는 사탄의 수단이다. 하지만 옳은 일을 하려 할 때에도 정신적 동요가 생길 수 있다. 이를테면 사역의 길을 가려 하거나 주님의 뜻대로 행하려 할 때가 그렇다. 이때 정신적인 동요를 없애려면 그 근원을 살펴야 한다.

남편의 마음 상태가 어떤지를 확신하지 못하면 그에게 직접 물어보라. 남자들은 물어보지 않으면 대개 먼저 말해 주지 않는다. 간혹 질문을 해도 시원한 대답이 나오지 않는다면 당신이 알아야 할 것이 무엇인지를 하나님께 여쭤 보라. 남편이 너무나 많은 생각에 뒤척이느라 잠을 잘 이루지 못하는가? 생각의 꼭지를 틀어놓은 것 같은가? 매사가 심각한가? 만약 남편이 주님과 동행하지 않는다면 ,주님과의 동행을 가장 우선적으로 기도해야 한다. 하지만 그가 아직 주님을 모른다 해도 그를 위한 기도의 효력이 상실되는 것은 아니다. 신앙이 없는 사람도 그 아내가 지속적으로 기도할 때 마음의 동요에서 놓임 받을 수 있다.

정신적 동요가 심해 삶의 만족도가 떨어질 정도라면 그 근본 원인을 반드시 찾아내야 한다. 남편을 위해 기도할 때 하나님의 말씀을 선포하라. 하나님께서 그에게 주신 마음은 건강한 마음임을 선언하라(딤후 1:7). 그리고 모든 생각을 사로잡아 주님께 복종하게 되기를 기도하라. 정신적인 동요는 그리스도인의 삶에서 차지할 공간도 없을 뿐더러, 진리의 빛이 비출 때 그 힘을 잃고 말 것이다.

주님, 남편이 그의 마음속에 있는 불안으로부터 해방되기를 기도합니다. 근거 없는 두려움에서 자유하게 하시고 사탄의 모든 거짓말에서 벗어나게 하옵소서. 또한 사탄의 거짓말을 구별할 수 있도록 하여 주시고, 그 거짓말들이 자랄 수 있는 공간을 내어주지 않게 하여 주소서. 하나님을 아는 것에 대적하여 높아진 것을 다 무너뜨리게 하시고 모든 생각을 사로잡아 그리스도께 복종하게 하옵소서(고후 10:3-5).

제가 남편에 대해 알아야 할 것들을 깨닫게 하심으로 그를 위해 구체적으로 기도할 수 있게 하옵소서. 저희 부부가 주님의 말씀 안에서 진리를 볼 수 있도록 도와주소서. 남편을 대신하여 주님이 그에게 주신 마음이 건강한 마음임을 선포합니다(딤후 1:7). 남편이 이 사실을 확신하게 하시고 그의 생각을 주님의 말씀과 능력으로 무장하게 하옵소서. 그리하여 그의 삶과 생각을 지배하려는 어떠한 시도도 거부하게 하시고 구원하시는 주님을 바라보게 하소서. 예수님의 이름으로 기도합니다. 아멘

우리가 새로운 시각을 가져야 할 때

형제들아 너희가 자유를 위하여 부르심을 입었으나
그러나 그 자유로 육체의 기회를 삼지 말고 오직 사랑으로 서로 종노릇 하라 _ 갈 5:13

우리가 육신 안에 거하면 밤낮 자신의 필요와 바람과 행복에 급급한 삶을 살게 된다. 그러나 주님이 주시는 자유 안에 거하면 이기심이 사라진다. 자아중심적인 시각에서 벗어나 서로를 돌아보게 된다. 하나님은 이웃을 먼저 돌보아야 한다고 말씀하신다. 특히 아내라면 가장 중요한 우리의 이웃인 남편을 모른 체 해서는 안 된다.

물론 남편의 종이 되어 자유를 박탈당해도 된다는 뜻은 결코 아니다. 사랑으로 서로 종노릇 한다는 것은 하나님의 관점을 가질 때 저절로 우러나는 삶의 방식이다. 이러한 하나님의 관점을 지니려면 반드시 기도해야 한다. 부디 그분의 시각으로 볼 수 있는 새로운 통찰력과 능력을 주시도록 기도하라.

섬김은 당신이 스스로 선택하는 것이다. 만일 강요한다면 이것이 곧 주종 관계다. 그러나 하나님조차 그분을 섬길 것을 우리에게 강요하지 않으신다. 결혼 생활에서도 마찬가지이다. 서로를 흔쾌히 섬기는 것은 하나님의 위대한 축복을 받기 위한 첫걸음이다.

그러나 결혼 생활을 어느 정도 해 본 사람이라면 다 알 것이다. 사실 서로를 지속적으로 섬기기란 얼마나 힘든 일인가 말이다. 그러나 코웃음치고 단념해 버려서는 곤란하다. 부디 부부 각자의 마음속에 새 시각이 싹트도록 기도에 힘쓰라.

　주님, 주님이 주신 자유로 인해 감사드립니다. 앞으로도 주님의 관점을 가지고 살도록 하소서. 특히 서로를 대하는 방식에서 주님의 관점을 갖기를 원합니다. 주님이 주신 자유를 육체의 기회로 삼지 않게 하옵소서.
　주님과 이웃을 더 잘 섬기고 부부간에 서로 사랑으로 종노릇 하게 하시려고 저희를 지속적으로 자유하게 하심을 압니다. 저희 부부가 이 일을 잘 감당할 수 있도록 도와주소서. 저희의 본성은 자기중심적이고 이기적이어서 서로의 필요를 등한시합니다. 그러니 저희를 새롭게 하시어서 저희가 언행으로 서로 축복하도록 역사하여 주소서.
　또한 주님의 사랑과 평안과 겸손과 자비로 말하고 행동하게 하옵소서. 자신의 개인적인 관심사에만 골몰해 있고 상대방이 내게 진 빚을 셈하는 데만 열중하지 않게 하옵소서. 서로를 섬기는 데 있어서 이전보다 더 큰 노력을 기울이게 하옵소서. 그리하여 이 결혼을 위대하게 만드는 섬김을 저희가 능히 감당하기를 원합니다. 예수님의 이름으로 기도합니다. 아멘

내가 사과해야 할 때

그러므로 예물을 제단에 드리려다가 거기서 네 형제에게 원망들을 만한 일이 있는 것이 생각나거든 예물을 제단 앞에 두고 먼저 가서 형제와 화목하고 그 후에 와서 예물을 드리라 _ 마 5:23-24

예수님은 누군가에게 원망 들을 만한 일이 있거든 즉시 사과하라고 말씀하셨다. 주님께 예물을 드리는 것조차 미뤄도 될 만큼 우선시하라고도 하셨다. 때문에 남편에게 사과해야 할 일이 있다면 즉시 먼저 사과함으로써 부부 사이에 화목의 길을 열어야 한다. 그렇지 않으면 주님이 당신의 예배를 받지 않으실 것이다. 이것은 중대한 명령이다. 원망 들을 만한 일이 사라지기 전까지는 예배를 받지 않겠다고 주님이 말씀하셨다면, 그분과의 관계에 어떠한 틈도 생기기 전에 곧바로 이 명령에 순종해야 한다.

사실 잘못하면 대개 죄책감이 들기 때문에 용서를 구해야 할 일을 그냥 미루다 지나치는 경우가 많다. 미안하다는 말이 어색하고 난처하게 느껴지는 것은 자존심 때문이다. 혹은 창피하거나 자기 잘못을 인정하고 싶지 않아서이거나 어쩌면 고소해 하는 남편의 얼굴을 보기 싫어서일 수도 있다. 그럴 때는 당신이 먼저 사과의 말을 건네기를 원하시는 주님을 떠올리라. 주님께 순종하는 일이라고 생각하라.

한편 남편에게 사과해야 할 일이 있는지를 알려 달라고 기도하라. 그

후엔 뜸 들이지 말고 바로 사과하라. 단순한 사과가 하나님과의 관계뿐 아니라 남편과의 관계에서도 엄청난 변화를 가져올 수 있음을 기억하라. 미안하다는 한마디 말은 주님의 임재 가운데 드리는 예배의 시간을 열어 줄 뿐 아니라 치유와 온전함과 축복의 자리를 만들어 준다.

주님, 어떤 이유로든 남편에게 사과해야 할 일이 있다면 제게 알려 주시기를 기도합니다. 제가 무감각하고 무시하며 무관심하고 무신경한 말과 행동을 했다면 이 점을 깨닫게 하여 주소서. 사과를 망설이게 하는 자존심을 허무시고 옹졸함을 없애 주소서. 저는 주님의 방법대로 살기를 원합니다. 예배를 받으시려는 주님 앞에 기다려 주시라고 요청하는 일이 없기를 원합니다(마 5:23-24). 남편 마음에도 상처나 분노의 씨를 심지 않기를 원하며 어떤 이유로든 그가 저를 외면하는 마음이 들지 않기를 원합니다.

제게 옳은 일을 하고자 하는 바람을 주셔서 잘못에 대해서 재빨리 사과할 수 있도록 하소서. 부부 사이에 있는 불편한 감정을 해소시켜 주시고 저희가 화목할 수 있도록 인도해 주소서. 제 생각과 언행이 주님을 기쁘시게 하는 것이어서 주님께 드리는 저의 예배가 주님 보시기에 항상 받으실 만한 예배가 되기를 원합니다. 예수님의 이름으로 기도합니다. 아멘

남편이 이기심을 버려야 할 때

아무 일에든지 다툼이나 허영으로 하지 말고 오직 겸손한 마음으로 각각 자기보다 남을 낫게 여기고 각각 자기 일을 돌볼뿐더러 또한 각각 다른 사람들의 일을 돌보아 나의 기쁨을 충만하게 하라 _ 빌 2:3-4

사람은 때로 누구나 이기적이 된다. 그러나 남편이 기본적으로 이기적인 사람이라면 이는 기도해야 할 문제다. 하나님은 이기적인 욕망이나 허영으론 아무 일도 하지 말라고 말씀하셨다. 그러나 하나님의 도우심 없이 이 말씀대로 사는 것이 가능할까? 하나님은 결혼한 두 사람이 각각 자기보다 상대방을 낮게 여기기를 원하신다. 한 사람은 이기적이고 한 사람만 이타적인 부부라면 어떻게 이 일이 가능하겠는가? 부부는 각자 자기 일을 돌볼 뿐 아니라 서로의 일을 돌아보아야 한다.

남편이 이기적인 사람이라면 그가 어떠하든 당신은 옳은 일을 하겠노라고 결심하라. 남편에 대해 관대해져야 한다. 이 결심을 실천에 옮길 수 있도록 도와주실 것을 기도하라. 남편 역시 이 노력에 가담하게 해 주시라고 기도하라. 남편이 자기 자신이 아닌 아내를 더 생각하도록 기도하는 것이 도리어 이기적이라고 생각할 수 있겠지만 사실은 그렇지 않다. 이것이 남편을 향한 하나님의 뜻이다. 더군다나 하나님은 당신에게도 이 일을 요청하신다.

서로를 돌보는 것은 성공적인 결혼 생활의 특효약이다. 하지만 이 약은 부부 각자가 순종의 발걸음을 내딛을 때에야 비로소 약효를 발휘한다. 인간은 모두 이기적이고 자기중심적인 까닭에 하나님의 도우심 없이 서로를 돌보기란 불가능에 가깝다. 그러나 기도하고 노력한다면 놀라운 결과를 목격하게 될 것이다.

 주님, 남편이 이기적인 야망이나 허영으로 일하지 않게 하시고, 오직 겸손한 마음으로 자기보다 남을 낫게 여기기를 기도합니다. 또한 저를 위해서도 동일한 은혜를 사모합니다. 특히 저희 부부가 서로에 대해서 더욱 이같이 행할 수 있도록 도와주소서. 남편에게 저를 돌볼 마음을 주시고 제게도 동일한 마음을 주시옵소서. 저희 마음에 도사리고 있는 이기심을 없애 주셔서 서로의 필요를 외면하지 않게 하옵소서. 또한 저희 안에 있는 허영심을 없애 주시어서 저희가 계산적이지 않게 하여 주시고 내가 아깝다라는 이기적인 생각을 벗어 버리게 하옵소서. 저희를 위해 생명을 내어놓으신 예수님을 닮아가게 하시어서 주님을 위해 저희 삶을 내어드리게 하시고 저희 부부가 서로를 섬김으로써 주님을 섬길 수 있도록 도와주소서.
 저희는 흙으로 만들어진 연약한 존재입니다. 아무리 노력한들 곧잘 넘어지는 육신입니다. 그러기에 기적을 만드시는 성령님의 도우심을 간구합니다. 예수님의 이름으로 기도합니다. 아멘

우리가 주님의 공급하심을 바랄 때

> 아브라함이 눈을 들어 살펴본즉 한 숫양이 뒤에 있는데 뿔이 수풀에 걸려 있는지라 아브라함이 가서 그 숫양을 가져다가 아들을 대신하여 번제로 드렸더라 아브라함이 그 땅 이름을 여호와 이레라 하였으므로 오늘날까지 사람들이 이르기를 여호와의 산에서 준비되리라 하더라 _ 창 22:13-14

아브라함이 하나님께 순종하여 자신의 외아들 이삭을 주님께 드리려고 모리야 산에 갔을 때, 그는 주님이 다른 번제물을 예비해 두셨을 것을 알았다. 하지만 그리 아니하실지라도 아브라함은 자신의 외아들을 드릴 준비가 되어 있었다. 하나님께서는 자신의 가장 소중한 것도 아끼지 않았던 것이다. 아브라함과 사라는 오랫동안 아들을 갖기 고대해 왔지만, 아브라함은 그 꿈조차 하나님께 기꺼이 드릴 생각이었다. 그리고 그 점을 아신 하나님은 아브라함에게 아낌없이 주시겠다고 약속하셨다.

하나님은 우리에게도 동일하게 약속하신다. 단, 그 전에 우리가 먼저 그분께 우리의 모든 것을 내어 드려야 한다. 비전과 꿈마저 기꺼이 내어 드릴 준비가 되어야 한다. 무언가를 갈구하고 있는가? 그렇다면 당신의 손을 펴서 하나님의 손에 맡겨 드릴 것이 있는지를 먼저 살피라. 이 말은 집을 팔고 사업을 접고 자녀를 입양 보내라는 말이 아니다. 하나님께 기꺼이 드릴 수 있어야 하고, 어떤 것도 따로 떼어놔서는 안 된다는 말이다. 하나님께 자녀를 바치고 그분의 계획대로 자녀를 사용하시기를 기도하라. 하나님께 집을 바치고 그분의 목적대로 사용하시도록 기도하

라. 당신의 일과 사업체를 하늘 아버지께 바치라. 그리고 그분의 영광을 위해 그것들의 사용법을 여쭈라. 주님의 공급하심을 원한다면 당신이 가진 모든 소유를 내어놓아라. 그러면 하나님께서 필요한 것 이외에도 차고 넘치도록 축복하실 것이다.

주님, 저희 부부가 주님의 공급하심을 구하며 주님께로 나아옵니다. 여호와 이레이신 주님을 찬양합니다(창 22:14). 어쩌면 주님의 공급을 막는 찌꺼기가 저희 마음속에 덕지덕지 붙어 있는지도 모르겠습니다. 애쓰고 버둥거린다고 해서 주님의 축복을 받을 만한 자격을 갖추는 것은 아니지만, 주님의 공급하심을 막지 않도록 저희가 해야 할 몫을 가르쳐 행하게 하소서.

이 시간, 남편을 대신하여 저희가 가진 모든 소유를 주님께 올려 드립니다. 움켜쥐고 있었던 물건과 매달려 왔던 사람들을 주님의 손에 놓아 드립니다. 저희의 인생을 주님의 목적과 영광을 위해 사용하여 주옵소서. 움켜쥔 손을 펴서 놓아버려야 할 것들이 있다면 알려 주시고, 오직 주님께만 순종하게 하옵소서. 저희에게 있는 모든 것이 주님께로부터 온 것임을 알기에 주님께 감사합니다. 저희를 사랑하시는 하늘 아버지를 찬양합니다. 주님의 넘치는 공급하심에 미리 감사드립니다. 예수님의 이름으로 기도합니다. 아멘

내가 집을 안식처로 만들려 할 때

집은 지혜로 말미암아 건축되고 명철로 말미암아 견고하게 되며 또 방들은 지식으로 말미암아 각종 귀하고 아름다운 보배로 채우게 되느니라 _ 잠 24:3-4

아름답고 고급스럽게 꾸민 집이라도 차갑게 느껴지는 곳이 있는가 하면 소박하고 투박한 집이라도 따뜻하고 아늑해서 떠나고 싶지 않은 곳이 있다. 물론 아름답게 장식된 집이 나쁘다는 얘기를 하려는 것이 아니다. 반대의 경우도 얼마든지 있다. 멋진 인테리어를 자랑하는 집이 그 내부도 포근하고 아늑하여 계속해서 머물고 싶은가 하면, 소박하고 아담한 집인데도 영 차갑고 거북스러운 곳도 있으니 말이다. 요컨대 집이 안식처가 되는 것은 인테리어나 평수의 문제가 아니라 그 집에 거하는 영의 문제다. 어떤 사람이라도 현관 문턱을 밟게 되면 그 집에 거하는 영의 정체는 모른다 해도 영의 존재는 감지할 수 있다.

그러므로 성령님이 당신의 집에 머무시도록 초대하라. 가족뿐 아니라 방문객에게도 편안함과 안락함을 제공하는 안식처가 되도록 지혜를 구하라.

집을 안식처로 만드는 "각종 귀하고 아름다운 보배"는 하나님만이 주시는 평안과 사랑과 희락이다. 달리 말하면 하나님의 임재다. 이 귀하고 아름다운 보배로 집을 꾸밀 수 있게 해 주실 것을 기도하라. 그리하면 성령님께서 그분의 아름다움으로 당신의 집을 치장하실 것이다. 이로써 마침내 당신의 가정은 속사람이 날마다 새로워지는 성전이 될 것이다.

주님, 주님이 저희 집에 사시기를 초청합니다. 주님의 사랑과 평화와 희락의 영으로 저희 집을 채워 주소서. 저희 가족뿐 아니라 모든 손님에게도 안식처가 될 수 있기를 기도합니다. 그러려면 무엇을 하고 무엇을 바꿔야 할지 알려 주소서. 저희 집을 생명력이 넘치는 공간으로 만들어 주소서. 머무는 것만으로도 건강과 원기를 회복할 수 있는 곳이기를 기도합니다.

주님이 이곳의 주인이 되소서. 그래서 저희가 현관문을 들어설 때마다 주님의 안식과 고요와 아름다움을 느낄 수 있도록 하옵소서. 이곳에 들어서는 순간에 세상의 긴장감이나 냉랭함이 사라지게 하여 주시고 주님의 보호하심으로 인해 유해한 그 어떤 것도 발붙이지 못하게 하옵소서. 도둑과 위험으로부터 저희를 안전하게 지켜 주시며, 화재나 태풍이나 지진이나 그 어떤 재앙도 이곳을 피해 가게 하여 주소서. 주님께서 주신 이 집을 부지런히 살피고 관리하도록 하옵소서. 오직 성령님의 "각종 귀하고 아름다운 보배"와 주님의 임재하심으로 인한 안락함이 이곳에 충만하기를 원합니다. 예수님의 이름으로 기도합니다. 아멘

남편이 분노를 버려야 할 때

너희는 모든 악독과 노함과 분냄과 떠드는 것과 비방하는 것을
모든 악의와 함께 버리고 _ 엡 4:31

아내들에게 결혼 생활 중 외도 다음으로 가장 힘든 상황이 바로 남편의 분노에 관한 것이다. 남편의 분노에 능숙하게 대처하는 아내는 매우 드물다. 특히 자신을 향해 화가 분출되는 상황을 과연 어느 누가 침착하게 맞을 수 있겠는가? 많은 아내들은 하나님의 은혜를 힘입어 폭언을 참아 낸다. 그러나 그런 일이 큰 상처를 남긴다는 점은 자명하다. 대개는 이혼만이 최선책이 될 정도로 견디기 힘든 지경이 된다.

하나님은 모든 남편에게 아내를 이해하고 귀하게 대하며 그녀의 연약함과 섬세함을 배려하라고 말씀하신다. 그리하여 남편의 기도가 막히지 않게 하라고 당부하신다(벧전 3:7). 하나님은 부부를 "생명의 은혜를 함께 이어 받을 자"로 여기신다. 그러므로 남편이 아내를 귀하게 대하지 않고 자신의 화를 폭발할 대상으로만 여긴다면, 그런 사람은 하나님의 생명의 은혜를 상속받을 수 없을 뿐더러 그 기도도 응답될 리 없다.

혹시라도 당신이 빈번히 남편의 분풀이 대상이 되어 왔기에 정신적, 육체적으로 완전히 탈진한 상태라면 도움이 손길이 필요하다. 성경은 "노하기를 더디하는 것이 사람의 슬기요 허물을 용서하는 것이 자기의

영광"이라고 기록한다(잠 19:11). 또한 "분을 그치고 노를 버릴" 것을 말씀하신다(시 37:8). 즉, 자신의 화난 감정을 쏟아낼지 말지에 관한 선택권이 본인에게 있다는 뜻이다. 그러므로 남편이 올바른 선택을 할 수 있도록 기도하라. 또한 아직 한 번도 남편이 화를 폭발시킨 적이 없다면 당신은 복 받은 사람이니, 감사하고 앞으로도 변치 않기를 기도하라.

주님, 남편의 모든 분노를 가져가시기를 기도합니다. 그가 화를 참지 못하고 폭발하면 본인과 저뿐 아니라 자녀와 주변 사람들까지 피해를 봅니다. 그에게 주님의 방법을 깨우쳐 주시고, 다른 사람에게 분을 낸다고 해서 어떤 유익도 얻을 수 없음을 깨닫게 하여 주옵소서. 노하고 성내는 것이 결혼과 가정에 다툼을 불러옴을 알게 하여 주소서(잠 29:22). 분노는 우매한 자들의 마음에 머무르는 것임을 알 수 있도록 그에게 지혜를 주소서(전 7:9). 배우자를 향한 잦은 분노는 육신의 열매이며 육신의 열매로는 결코 하나님을 기쁘시게 할 수 없음을 알게 하시며(롬 8:6-8), 오직 자기의 몸을 해롭게 할 뿐임을 깨닫게 하여 주옵소서(잠 11:17).

또한 제가 그의 노를 격동시키는 말을 하지 않게 하시며(잠 15:1), 화를 도발하는 어떤 언행도 피하게 하여 주옵소서. 남편이 자신의 부당한 허점을 발견하고 분노를 없애려는 결정을 할 수 있게 하시기를 원합니다. 예수님의 이름으로 기도합니다. 아멘

우리가 자녀에게 복음을 나눠야 할 때

후일에 네 아들이 네게 묻기를 우리 하나님 여호와께서 명령하신 증거와 규례와 법도가 무슨 뜻이냐 하거든 너는 네 아들에게 이르기를 우리가 옛적에 애굽에서 바로의 종이 되었더니 여호와께서 권능의 손으로 우리를 애굽에서 인도하여 내셨나니 _ 신 6:20-21

하나님은 부모 된 우리가 그분에 대해 자녀들을 가르칠 것을 몇 번이고 당부하셨다. 하나님은 당신이 누구시며 우리를 위해 무엇을 하셨는지를 자녀들과 나누라고 하신다. 따라서 우리는 자녀들에게 성경 말씀과 우리 삶의 변화에 대해 말해 주어야 한다. 우리가 한때는 욕구의 종이었으나 세상의 덫에서 자유롭게 되었고, 이제는 하나님의 나라로 인도되었음을 고백해야 한다.

자녀에게 주님에 관한 메시지를 전달할 때는 남편과 아내가 한목소리를 내는 것이 매우 중요하다. 자녀의 나이에 맞게 그들이 이해할 수 있는 언어로 주님의 진리를 소통해야 한다.

혹시 아이들이 그들 나름대로 필요한 진리를 습득하고 있으리라고 막연히 생각한다면 큰 오산이다. 구체적으로 가르치지 않으면 진리가 아닌 거짓들을 습득하고 있을지도 모를 일이기 때문이다.

실제로 부모가 알아차리지 못하는 사이에 세상의 유혹이 아이들의 마음과 정신과 영혼을 파고든다. 따라서 그보다 한층 더 강력한 영향력을 끼치기 위해서는 엄마아빠의 한목소리가 매우 중요하다. 만일 남편이 아직 신앙이 없다면 주님에 대해 가르치는 것을 반대하지 않게 해 주시라고 기도하라. 당신 자신이 초신자라 하더라도 자녀들과 나눌 골자는 이미 알고 있다. 어떤 상황이던 간에, 부부가 함께 복음을 전할 수 있기를 위해 기도하라.

주님, 주님이 어떤 분이시며 저희를 위해 어떤 일을 하셨는지를 아이들에게 전함에 있어서 저희 부부가 혼연일체가 되기를 기도합니다. 공허하고 허무한 인생을 살던 저희를 어떻게 구속하셨는지 분명하게 말할 수 있도록 도와주옵소서. 저희가 주님의 방법대로 살아서 자녀에게 모범이 되게 하여 주소서. 남편이 신앙을 가지고 있지 않다면 그가 진리를 깨닫도록 인도해 주소서. 자녀를 가르치는 데서 저희 사이에 갈등과 다툼을 없애 주시고, 한마음으로 노력할 수 있기를 기도합니다.

한편 성인이 된 자녀와도 주님과 동행하는 것이 얼마나 행복한지를 나눌 수 있기를 원합니다. 자녀에게 복음을 전하기 위해 성경학자가 될 필요는 없지만 그들을 위해 기꺼이 시간을 낼 필요가 있음은 압니다. 자녀와 함께하는 시간을 갖게 하시고 저희가 주님을 얼마나 사랑하는지를 그들과 나눔으로써, 그들이 주님께 더 가까이 나올 수 있게 되기를 소원합니다. 예수님의 이름으로 기도합니다. 아멘

내가 남편의 사랑을 느껴야 할 때

남편들아 아내 사랑하기를 그리스도께서 교회를 사랑하시고 그 교회를 위하여 자신을 주심 같이 하라 …이와 같이 남편들도 자기 아내 사랑하기를 자기 자신과 같이 할지니 자기 아내를 사랑하는 자는 자기를 사랑하는 것이라 누구든지 언제나 자기 육체를 미워하지 않고 오직 양육하여 보호하기를 그리스도께서 교회에게 함과 같이 하나니 _ 엡 5:25, 28-29

아내가 남편의 사랑을 항상 느낄 수 있다면 참으로 감사하고 다행스러운 일이다. 그러나 남편이 자신을 진심으로 사랑하는 것 같지 않다면, 이는 기도해야 할 문제다. 많은 아내들이 여기에 속한다. 물론 당신을 사랑하지 않는 사람을 억지로 사랑하게 만들 수는 없다. 그렇지만 남편이 하나님의 뜻에 따라 당신에게 의미 있는 방식으로 사랑을 표현할 수 있도록 기도할 수는 있다. 실제로 사랑이라는 언어를 구사하지 못하는 사람이 상당히 많다. 남편에게 거리감이 느껴지고 그의 생각이 다른 곳에 있는 것 같고 그가 차갑고 냉랭하게 느껴진다 해도 하나님이 그를 가르치실 수 있다. 하나님은 사랑의 절대 고수시기 때문이다.

성경은 남편이 자기 자신을 사랑하듯 아내를 사랑해야 한다고 가르치고 있다. 예수님이 교회를 사랑하듯이 아내를 사랑해야 한다고도 덧붙인다. 예수님은 궁극적인 희생 제물로 자신의 생명을 내어 놓으셨다. 남편들에게 예수님이 하신 그대로를 따라하라고 부탁하기에는 지나친 감이 있는가? 그렇다면 아내에 대한 자신의 사랑을 숨김없이 표현하게 해주시라고 기도하라.

혹시 남편 마음속에 사랑이 가려져 있다면 그 마음을 덮은 가리개를 걷어 내고 그 마음을 밝은 곳으로 꺼내 올 수 있도록 기도하라. 부부간의 사랑이 이미 식었다면 사랑이 소생되도록 기도하라. 하나님은 다시 살리시는 데 전문가시다. 이미 차가워질 대로 차가워진 마음도 하나님은 다시 불붙게 하실 수 있다.

주님, 저희가 서로 사랑하라는 주님의 계명을 지키기 원합니다(요 13:34). 제가 알아차릴 수 있는 방법으로 남편이 저를 사랑하게 해 주소서. 혹시 남편이 제게 사랑을 표현하고 있는데 제가 인정하는 방법이 아니라는 이유로 그의 마음을 외면해 왔다면 저를 깨우쳐 주소서. 주님은 자기 자신을 사랑하듯 아내를 사랑하라고 명령하셨지만 그의 힘에 부치는 일을 요구하고 싶지는 않습니다. 다만 남편이 주님의 뜻에 순종함으로 그에게 향하신 주님의 축복을 받을 수 있기를 기도합니다.

남편이 자신을 향한 주님의 사랑을 깨달을 수 있게 하심으로 저를 향한 자신의 사랑도 더욱 잘 표현할 수 있도록 도와주소서. 사랑이 죽었다 해도 다시 소생시켜 주옵소서. 서로를 용서하지 못하는 마음 때문에 사랑이 죽어 간다면 서로를 완전히 용서하게 하여 주소서. 제가 어떤 이유로든 남편을 외면했고 그를 사랑하지 못했다면 저 또한 바꿔 주시기를 기도합니다. 사랑의 주님, 주님이 저희를 사랑하시는 것처럼 저희도 서로 사랑할 수 있게 하소서. 예수님의 이름으로 기도합니다. 아멘

남편이 결혼을 당연한 것으로 여길 때

그런즉 선 줄로 생각하는 자는 넘어질까 조심하라 _ 고전 10:12

직업을 위해 투자하거나 육아나 취미 생활을 할 때 들어가는 시간 등에 비하면, 결혼에 들이는 노력과 시간이 턱없이 부족한 것 같다. 특히, 부부 사이가 좋으면 항상 그럴 것이라는 생각에 이전만큼의 노력도 기울이지 않는 게 다반사다. 하지만 행복한 결혼을 유지하려면 부부 각자의 노력이 반드시 필요하다. 남편과 아내는 각자 자신이 사랑받고 있으며 가치 있는 존재로 존중받는다고 느껴야 한다. 그런데 아무 노력도 하지 않으면서 이런 생각이 들거라고 기대했다간 낭패를 보기 십상이다. 결혼을 당연한 것으로 알고 소홀히 여겨서는 결코 안 된다.

지금쯤 고개를 끄덕이며 수긍하는 아내들이 있을 줄 안다. 대개는 남편이 당신의 존재를 당연하게 생각하고 결혼에 충분한 노력을 기울이지 않는다고 생각할 것이다. 그렇다면, 남편이 결혼에 관한 진실을 깨닫게 해 주시라고 기도하라. 어떤 남편도 부부 사이가 결코 이상 기류에 휩쓸려 갈 리 없다고 지레짐작해서는 안 된다. 아내에게 다른 관심사가 생길 리 없고 한없이 남편을 사랑하고 돌봐줄 것이라고 추측해서도 안 된다. 이런 일은 언제라도 일어날 수 있으니 말이다. 무엇보다 결혼을 통해 하나님께 영광 돌리는 것을 막으려는 사탄의 계획도 주지해야 한다.

그러므로 남편이 결혼을 위해 노력할 수 있기를 기도하고 당신이 그를 존중하고 있음을 그가 확신할 수 있기를 기도하라. 바라건대, 당신의 노력으로 인해 그가 선 줄로 생각하지 않고 행여 넘어질까 조심하는 마음을 갖게 되면 좋겠다.

주님, 저희 부부가 서로를 당연한 존재로 알지 않기를 기도합니다. 서로 친절하게 배려하고 사랑으로 대하며 행복한 결혼을 위해 지속적으로 노력하기를 원합니다. 남편이 저를 정중하게 대하고 있지 않더라도 저만은 노력하게 하옵소서. 하지만 주님께서 남편의 마음 역시 돌이키시기를 기도합니다. 그에게 사랑과 배려와 보살핌의 생각을 불어넣어 주시고, 이 결혼이 주님께서 주신 선물임을 인식하게 하여 주옵소서. 혹시 이 선물을 반납하고 싶은 마음이 든다면, 저희가 더욱 주님을 닮게 하시고 주님의 마음을 품게 하소서.

기도하는 이 순간에도 남편을 축복하기 위해 오늘 제가 할 수 있는 일들을 알려 주시기를 원합니다. 혹시 제 마음이 강퍅해져서 감사의 말을 망설이고 있다면 저의 완고함을 허물어 주소서. 그에게도 동일한 은혜를 베풀어 주시고 그의 딱딱한 마음을 부드럽게 만져 주소서. 이 결혼이 저희에게는 기쁨이 되고 주님께는 영광이 되기를 원합니다. 예수님의 이름으로 기도합니다. 아멘

우리에게 기도 중보자가 필요할 때

진실로 다시 너희에게 이르노니 너희 중의 두 사람이 땅에서 합심하여 무엇이든지 구하면 하늘에 계신 내 아버지께서 그들을 위하여 이루게 하시리라 두세 사람이 내 이름으로 모인 곳에는 나도 그들 중에 있느니라 _ 마 18:19-20

남편이나 아내의 기도 제목이 중차대할 때, 위의 성경 말씀을 염두에 두고 기도의 군대를 소집할 수 있어야 한다. 부부 각자가 두세 사람의 친구를 갖게 해 주실 것을 기도하라. 독실한 그리스도인으로서 주님 안에서 성숙하고 그분의 말씀을 이해하고 신뢰하며 그분의 방법으로 사는 사람들을 만나게 해 주실 것을 기도하라. 그리고 그들과 깊은 관계를 맺기를 기도하라. 무엇보다 함께 기도할 사람을 찾으라. 기도의 중보자를 갖는 일의 중요성은 아무리 강조해도 지나치지 않다.

혼자서 하는 기도에 응답이 없으면 낙심하기 쉽다. 하지만 다른 사람과 함께 기도하면 좀 더 명확히 집중할 수 있게 되고, 그들이 이해할 수 있는 언어로 상황을 설명해야 하므로 더욱 분명하게 상황 인식을 할 수 있게 된다. 게다가 쉽게 기도를 포기하지 않게 되므로 소망과 믿음을 덤으로 얻는다. 이뿐이 아니다. 쉽게 깨지지 않는 우정도 소유할 수 있다. 기도의 중보자들은 영적으로 서로 맞물려 있으므로 그 유대감이 쉽게 사그라지지 않는다.

함께 기도할 친구를 갖게 해 주실 것을 기도하라. 남편과 아내 각자가 최소 두 명 이상의 동성 친구를 갖게 해 주실 것을 기도하라. 이와는 별도로, 기도 모임이나 부부 동반 모임을 허물없이 가질 수 있는 신앙적인 부부를 만날 수 있기를 위해 기도하라. 주님께서 당신 부부에 꼭 맞는 사람들을 인도해 주실 것이다.

주님, 저희 부부가 신실하고 신앙이 두터운 기도의 중보자를 만나게 되기를 기도합니다. 그리고 저희가 함께 기도 모임을 가질 수 있는 편안한 사람들이기를 기도합니다. 또한 저희의 믿음과 신앙의 코드를 같이하는 부부를 만날 수 있기를 위해 기도합니다. 그래서 긴밀하고 지속적인 우정을 쌓아 갈 수 있도록 이끌어 주소서.

저희의 인생에 좋지 않은 영향을 주거나 주님의 뜻과 방법으로부터 저희를 멀어지게 하는 사람들이 있다면 그들을 저희 삶에서 떠나가게 하시고, 좋은 사람들과 함께하는 시간이 더 많아지게 하옵소서. 주님께서 저희 우정의 머릿돌이 되시기를 원하며 주님께 드리는 기도가 이 관계들을 접합시키는 접착제의 역할을 하기를 원합니다. 주님은 "지혜로운 자와 동행하면 지혜를 얻고 미련한 자와 사귀면 해를 받느니라"고 말씀하셨습니다(잠 13:20). 이 말씀처럼, 저희 부부 중 어느 누구도 지혜로운 자와 동행하지 않음으로 해를 받는 일이 없기를 원합니다. 예수님의 이름으로 기도합니다. 아멘

내가 잔소리를 멈춰야 할 때

다투는 아내는 이어 떨어지는 물방울이니라 _ 잠 19:13

아내가 남편의 행동에서 잘못된 점을 발견하면 대부분은 그 잘못을 고쳐주고 싶어 한다. 그렇지만 남편이 그것을 인식하고 그 문제를 고치는 데 아내의 도움을 원할 때에만 배가 산으로 가지 않는다. 남편이 문제를 직시하지 않거나 대수롭지 않게 여길 때 아내가 개입하면 그녀는 부당하게도 비판적이라는 원성만 살 뿐이다. 특히 아내는 물론 그 누구의 제안도 달가워하지 않는 사람이 있는데 이런 부류의 남편이라면 아무리 정당한 조언을 한다 해도 각별히 주의해야 한다.

그저 잔소리를 하는 것은 쉽다. 문제가 보이고 해결책이 있으니 툭하면 말을 하게 되는 것이다. 그러나 "이어 떨어지는 물방울"이 되고 싶지 않거든, 무언가에 대해 끈질기게 불평해서는 안 된다. 남편에게 문제를 상기시키기 전에 하나님 앞에 나아가 이야기를 털어놓는 편이 훨씬 낫다. 그러면 하나님이 적절한 시점에 훨씬 유쾌한 방법으로 문제에 접근할 수 있도록 지혜를 주실 것이고 남편의 마음을 열어 주실 것이다.

어떤 문제에 대해서 이미 여러 번 남편에게 이야기했고 그래서 당신의 말이 조언과 잔소리의 경계를 넘나들고 있다면 이 문제를 주님의 손에 놓아 드려라. 그리고 그분이 직접 그의 마음에 이야기하시도록 기도하라. 그러면 성령님이 말씀해야 할 것과 말씀해서는 안 될 것을 알려 주실 것이다. 가정과 결혼에 평안이 없으면 행복이 있을 수 없다. 이 평안을 지키려면 아내의 기도가 절대적으로 필요하다.

주님, 남편이 들었으면 하고 바라는 문제를 주님께 가져옵니다. 제게 해야 할 말과 해서는 안 될 말을 알려 주소서. 무언가를 말할 때 조급하지 않게 하시고 적절한 어휘들을 골라 주소서. 제 마음을 주님의 사랑과 선하심으로 채워 주시고 남편의 마음을 열어 주시기를 기도합니다. 혹시 제가 한 발짝 물러나서 이 문제를 흘려보내야 한다면 이 점을 깨닫게 하시고 제 마음에서 이 문제의 짐을 덜어 주옵소서.

제 태도가 주님 앞에서나 남편 앞에서 옳지 않다면 저에게 새 관점을 주시고 제 마음을 변화시켜 주소서. 이 문제에 대해서 완전히 침묵해야 하고 오로지 기도해야 한다면 이 역시 깨닫게 하여 주옵소서. 제 마음에 비난과 불평의 영이 있다면 이 영을 멸해 주시고, 남편에게 불만을 쏟아 내는 대신에 주님께 기도하게 하소서. 저는 잔소리를 일삼는 아내가 되기를 원치 않습니다. 평안의 영이신 주님, 제 마음과 저희 결혼 생활에 찾아오시어 저희 가정에 평안을 주소서. 예수님의 이름으로 기도합니다. 아멘

남편이 하는 일에 주님의 은총이 필요할 때

주 우리 하나님의 은총을 우리에게 내리게 하사 우리의 손이 행한 일을 우리에게 견고하게
하소서 우리의 손이 행한 일을 견고하게 하소서 _ 시 90:17

모든 일에는 주님의 축복이 필요하다. 남편에게도 마찬가지다. 잠깐 임시직을 구하는 상태이거나 창업 준비단계이거나 새로운 일을 계획하고 있거나에 상관없이, 남편이 행하는 일에는 주님의 은총이 필요하다.

남편에게는 사람들을 끌어당기고 믿음을 주고 그들을 편하게 해 주는 특별한 재능이 있어야 한다. 남편에게 주님의 은총이 있으면 사람들은 그와 함께하는 일에 확신을 갖게 될 것이다. 여기서 하나님의 손이 남편의 일에 함께한다는 것은 그의 일이 지속적이고 안정적이며 성공적이고 열매 맺게 될 것이라는 뜻이다.

남편의 성공이 아내에게 끼치는 영향은 지대하다. 남편의 일이 순조롭지 못하면 경제적인 어려움뿐 아니라 관계의 어려움도 있을 수 있다. 일이 잘 풀리지 않거나 아예 일이 없는 남편을 보고 있기란 여간 어려운 일이 아니다. 그러니 남편의 일에 대해 구체적으로 기도하라. 모든 일이 순조롭게 진행되고 있다면 앞으로도 그럴 수 있기를 위해 기도하라.

특히 남편에게 기회의 문을 열어 주시기를 기도하라. 그가 항상 좋은 일에 가담해 있음으로 끊임없이 일을 찾기 위해 애타는 일이 없기를 기

도하라. 하나님이 그의 일을 견고하게 세우실 것과 그가 주님의 은총을 받을 수 있기를 기도하라. 주님의 은총은 남편이 가진 최고의 메리트가 될 것이다.

주님, 주님의 목적에 따라 남편을 세우시기를 기도합니다. 남편이 더 성실하게 일해야 한다면 그리하게 하시고, 장시간 고역에 시달리고 있다면 적당한 휴식을 취할 수 있도록 도와주소서. 자신의 일에 대해 불안해하지 않고 평안함과 즐거움을 갖게 하여 주소서. 그에게 주님의 은총을 주셔서 다른 사람들이 그 은총을 주목할 수 있게 하여 주옵소서. 남편 안에 보이는 주님의 형상으로 인해 그들이 주님을 깨닫게 하여 주옵소서.

그가 확실하고 안정적인 직장을 갖게 하여 주시고, 남편이 동료들에게 호감을 갖게 하시며, 하는 일마다 노력의 열매를 거두게 하소서. 그의 일처리 능력이 인정받게 하시며 언제나 할 일을 주시기도 기도합니다. 일이 잘 풀리지 않아 낙심될 때, 주님께서 그의 비전을 새롭게 하시기를 기도합니다. 주님의 은총 안에서 기회의 문을 열어 주시고 가는 곳마다 인도해 주소서. 무엇보다, 자신의 일을 통해 주님의 뜻을 행하고 있다는 성취감과 자부심을 가질 수 있기를 원합니다. 예수님의 이름으로 기도합니다. 아멘

우리가 갈등을 끝내야 할 때

형제들아 서로 원망하지 말라 그리하여야 심판을 면하리라
보라 심판주가 문 밖에 서 계시니라 _ 약 5:9

지금껏 한 번도 싸우지 않은 부부가 있을까? 당신은 어떤가? 혹시 사소한 문제로도 자주 다투는가? 사실 수많은 부부가 그러고 산다. 당신도 예외는 아니다. 전혀 다른 두 사람이 한 몸이 되는 결혼이지만, 일상을 들여다보면 그 하나 됨을 이루기 위해 얼마나 많은 노력이 매번 필요한지 모른다. 비록 주님이 두 사람을 이미 한 몸으로 인정하셨다 해도 말이다. 물론 평화로운 분위기 가운데 의견 충돌이 있는 것은 괜찮다. 서로의 생각을 정직하게 표현하고 서로 수긍할 만한 타협이나 합의를 이뤄내는 언쟁이 잘못된 것은 아니기 때문이다. 다만 부부간에 빈번한 다툼이나 갈등이 있고 상처가 되는 말이 서슴지 않고 오간다면 사정이 다르다. 하나님은 이 문제를 죄로 보시며 이 죄를 간과하지 않으신다.

부부가 서로 원망하면 위로부터 오는 책망이 있고 심판의 위험이 도사리게 된다. 심판은 여러 형태로 올 수 있지만, 마음속 깊이 느껴지는 고통과 상처도 그중 하나다. 이처럼 하나님의 뜻을 어겼을 때 그 파장은 엄청나다.

혹시 이 문제를 인식했음에도 해결책을 모른다면 분명하게 선을 그어

라. 하나님 앞에 갈등의 주체가 되지 않겠다고 선포하라. 다툼이 시작되는 순간에 멈춰라. 남편에게 함께 기도할 것을 즉각적으로 요청하라. 그가 거절한다면 혼자라도 기도하라. 당신의 기도는 부부간의 다툼의 영을 깨부술 만큼 강력하다.

주님, 주님의 평화의 영이 저희에게 임하기를 기도합니다. 다툼과 불평과 갈등이 관계를 지배하는 것은 죄입니다. 하나님을 기쁘시게 하는 일이 아니니만큼 그 파장이 클 것을 또한 압니다. 그러므로 분쟁의 영이 부부 관계를 지배할 때, 성령님의 권능으로 그 본거지를 파괴하시기를 기도합니다. 부부 사이를 이간질하고 갈등과 혼란과 오해를 조장하는 사탄의 계획을 거부하고 저항하기로 선택합니다.

주여, 그리스도의 마음을 저희에게 주신 것을 감사드립니다. 평안과 연합과 일치와 수용과 사랑의 영을 주신 주님께 감사드립니다. 이러한 품성이 저희 안에서 더 크게 자라게 하여 주옵소서. 저희가 모든 불평과 다툼과 언쟁과 싸움을 멈추기로 선택했으므로 심판 주가 문 밖에 서 계실 필요가 없기를 기도합니다. 저희 안에 다툼의 영을 멸하여 주시고, 인내와 이성의 영을 갖게 하여 주옵소서. 저희 사이에 있는 모든 갈등에 종지부를 찍어 주소서. 예수님의 이름으로 기도합니다. 아멘

내가 마음을 바꿔야 할 때

우리가 마음에 뿌림을 받아 악한 양심으로부터 벗어나고 몸은 맑은 물로 씻음을 받았으니 참 마음과 온전한 믿음으로 하나님께 나아가자 …서로 돌아보아 사랑과 선행을 격려하며 _ 히 10:22, 24

하나님께 고백해야 할 생각과 감정을 숨기고 있다면 그분과 긴밀한 동행을 할 수 없다. 가령 남편에게 미운 마음이 들어 그에게 복수할 생각을 가진 채로 주님과 동행할 수는 없는 일이다. 기억하는가? 십자가에서 흘리신 예수님의 보혈 덕분에 우리가 생명을 불어넣는 삶을 살기로 선택할 수 있게 되었음을 말이다. 이처럼 당신 안에 거하시는 성령님으로 인해, 당신의 마음은 깨끗하고 온전해질 수 있다. 그리고 하나님 앞에 온전하게 설 때만이 부부가 거리낌 없이 사랑과 선행을 격려할 수 있게 된다.

불량한 마음은 언젠가 드러나기 마련이다. 마음이 무거울 뿐더러 몸에서도 그 징후가 나타날 테니 말이다. 그렇지만 하나님께 그 마음을 고백하고 사랑과 믿음으로 가득 찬 마음을 주시라고 기도하면, 그 나쁜 마음을 벗어던질 수 있다. 나쁜 마음과 태도를 버리면 결혼 생활이 한결 새로워진다.

가끔은 분명한 정당성이 있다는 이유에서 불량한 생각을 고수하려고 들지 모른다. 실제로 그럴 수도 있다. 하지만 이보다 더 필요한 것은 깨끗하게 씻긴 마음과 영혼을 가지고 결혼에 필요한 사랑과 선행을 격려하는 일이다. 부디 이 사실을 마음에 품고 주께 나아가 기도에 힘쓰라.

주님, 제 마음을 깨끗하게 하시기를 기도합니다. "하나님이여 내 속에 정한 마음을 창조하시고 내 안에 정직한 영을 새롭게 하소서"(시 51:10). 하나님을 영화롭게 하지 않는 그 어떤 마음도 죄임을 고백합니다. 혹시 주님이 보시기에 옳지 않은 생각을 남편에게 품고 있습니까? 그렇다면 부정적인 생각과 비판적인 태도를 없애 주시고 바르고 옳은 것에 견고히 서게 하여 주소서. 저는 성령님을 탄식하게 만들지 않기를 원하며, "악한 양심"으로부터 비롯된 그릇된 태도로 주님과 단절되기도 원하지 않습니다.

혹시 제 태도로 남편이 상처를 입었다면, 올바른 태도로 그에게 사과하게 하여 주소서. 저희 관계를 약화시키는 마음을 품지 않게 하시고 서로에 대해 깨끗한 마음과 긍정적인 태도를 갖게 하여 주옵소서. 상대방을 재빨리 용서하게 하여 주시고 서로의 감정을 상하게 하는 언행을 삼가게 하여 주소서. 저희에게 "주의 구원의 즐거움"을 회복시켜 주시고 "자원하는 심령"을 주시기를 원합니다(시 51:12). "서로 돌아보아 사랑과 선행을 격려하게" 하시기를 기도합니다. 예수님의 이름으로 기도합니다. 아멘

남편이 재정적인 축복을 추구할 때

주라 그리하면 너희에게 줄 것이니 곧 후히 되어 누르고 흔들어 넘치도록 하여 너희에게 안겨 주리라 너희가 헤아리는 그 헤아림으로 너희도 헤아림을 도로 받을 것이니라 _ 눅 6:36

남편의 금전 관리에 대해 아내의 기도가 필요함은 두말할 나위가 없다. 재정 관리를 함에 있어서 그가 도덕적이고 정직할 수 있게 해 달라고 하나님께 기도하라. 무엇보다 경제적인 축복에 있어서 가장 중요한, 헌금을 등한시해서는 안 된다. 주님은 헌금에 대한 그분의 생각을 분명하게 말씀하셨다. "만군의 여호와가 이르노라 너희의 온전한 십일조를 창고에 들여 나의 집에 양식이 있게 하고 그것으로 나를 시험하라." 주님은 또한 "내가 하늘 문을 열고 너희에게 복을 쌓을 곳이 없도록 붓지 아니하나 보라. 내가 너희를 위하여 메뚜기를 금하여 너희 토지소산을 먹어 없애지 못하게 하며 너희 밭의 포도나무 열매가 기한 전에 떨어지지 않게 하리니"라고 덧붙이셨다(말 3:10-11).

이것은 중대한 약속이다. 주님의 요청대로 그분께 바칠 때, 우리에게 쌓을 곳이 없도록 부어 주심은 물론이고 이미 우리에게 있는 것들을 지켜 주시겠다는 약속의 말씀이다. 사람의 생각으로는 온전한 십일조를 바치기가 쉽지 않다. 크게 신뢰하지 않는 목회자나 교회에 돈을 줘버렸다는 생각이 들 때가 있기 때문이다. 그러나 헌금은 사람이나 단체에 주는 것이 아니라 하나님께 바치는 것이다.

경제적으로 어렵게 자란 사람들은 돈이 넉넉하지 않을 때 생길 만한 일들을 미리 염려하는 경향이 있다. 이런 염려와 두려움 때문에 하나님께 바치기가 망설여진다면, 그분이 당신을 위태롭게 하지 않으실 것을 믿게 해 주시라고 기도하라. 모든 소산을 자원하는 마음으로 주님께 내어드릴 때 주님은 아낌없이 응답하실 것이다.

주님, 남편이 주님의 말씀에 따라 재정 관리를 할 수 있기를 기도합니다. 갚아야 할 빚이 있다면 책임감을 가지고 갚아 나가게 하여 주소서. 또한 주님께 십일조와 헌금을 드릴 수 있게 하시고, 어려운 이웃에게는 도움의 손길을 펴게 해 주소서. 하나님께 바칠 때 우리에게 남는 것이 부족할 것이라는 염려를 내려놓게 하시고, 저희의 모든 소유가 주님께로부터 온 것임을 기억하게 하옵소서.

모든 삶의 영역마다 주님을 신뢰하게 하시되 특히 금전 문제에 있어서 주님을 온전히 신뢰하게 하여 주소서. 이 점에서 저희 부부가 한마음이기를 원합니다. 돈을 펑펑 쓰는 것과 인색한 것 사이에서 균형을 찾게 하시고, 분별력 있게 재정을 관리할 수 있는 지혜와 통찰력을 주시기를 기도합니다. 하늘 문을 여시고 축복을 쏟아 부어 주시는 주님을 찬양합니다. 예수님의 이름으로 기도합니다. 아멘

우리의 생활을 간소화해야 할 때

그들에게 이르시되 삼가 모든 탐심을 물리치라
사람의 생명이 그 소유의 넉넉한 데 있지 아니하니라 하시고 _ 눅 12:15

누구나 어떤 면에서든 생활을 간소화해야 할 필요가 있다. 특히 그리스도인들의 경우에는, 이 세상에 속한 모든 것들이 "그리스도를 향하는 진실함과 깨끗함"으로부터 멀어지도록 유인하고 있기 때문에 더욱 그러하다(고후 11:3). 이런 측면에서, 위의 성경 말씀은 사탄의 간계에 속지 말 것과 예수님의 복음의 진실성으로부터 멀어져 부패하지 말라는 의미를 담고 있다. 무엇보다 주님과 동행함에 있어서 그 삶의 질을 개선시키는 것은 복잡한 생활이 아니라 간소한 생활이다. 삶에 외부의 입김이 너무 세므로 우리가 의식적으로 이 영향력을 차단하지 않으면, 우리 삶이 그 영향력 하에 곧잘 압도되기 때문이다.

가계 재정이 어려울 때 굳이 좋은 점을 꼽을라치면, 지출을 줄여야 할 부분과 팔아도 좋을 물건들이 무엇인지를 고민하게 된다는 것이다. 가끔은 불필요한 물건뿐 아니라 애용하는 물건을 내놓아야 할 필요가 생기기도 하지만, 하나님은 이러한 물건 없이도 우리가 너끈히 살 수 있게 해 주신다. 그분은 우리가 가난한 것과 부자 되기에 급급하지 않는 것의 접점을 찾기를 원하신다(잠 23:4).

당신 부부가 영양가는 없고 시간만 차지하는 불필요한 활동들에 매여 있다면 그 구속으로부터 자유하게 해 주실 것을 기도하라. 그럼으로써 인생에서 가장 중요한 가족과 하나님께 더 많은 시간을 안배할 수 있기를 위해 기도하라. 우리에게는 숨 쉴 시간이 필요하고 생각을 반추해 볼 시간과, 주님과 배우자와 보낼 시간이 더 많이 필요하다.

주님, 저희 부부가 생활을 간소화하여 불필요한 스트레스로부터 벗어나기를 원합니다. 저희에게 지혜를 주시어서 저희에게는 필요 없지만 다른 사람에게는 필요할 법한 물건들을 내어 놓게 하여 주소서. 굳이 없어도 되는 물건을 무리하게 구입하는 일이 없게도 해 주소서. 간소하며 평화롭게 살게 하시어서 그 속에서 아름다움을 찾게 하여 주소서. 저희의 생활방식과 음식과 옷과 가구를 간소하게 하시고 시간을 내어 참여하는 활동들도 복잡하지 않게 하여 주소서. 그럼으로써 인생에서 가장 중요한 주님과 가족과 배우자를 위해 더 많은 시간을 할애할 수 있도록 도와주소서.

성령님의 권능으로 저희 삶이 관리하기 쉬운 삶이 될 수 있기를 기도합니다. 자선 활동과 같이 그만둬서는 안 될 일들에 대해서는 주님의 평안을 주셔서 스트레스 없이 감당할 수 있게 하옵소서. 주님이 저희에게 원하시는 인생에 날로 더 가까워지는 인생을 살기 소원합니다. 예수님의 이름으로 기도합니다. 아멘

내가 미래의 소망을 잃어버렸을 때

여호와의 말씀이니라 너희를 향한 나의 생각을 내가 아나니 평안이요 재앙이 아니니라 너희에게 미래와 희망을 주는 것이니라 _ 렘 29:11

하나님은 당신의 미래가 좋다고 말씀하신다. 그러나 당신은 여러 이유 때문에 전망을 잃어버렸다. 병이 낫지 않고 만성적인 두통에 시달리고 피곤에 지쳤다. 너무 바빠서 자신을 돌아볼 시간이 없고 주님과 함께하는 시간을 갖는 것조차 부담스럽다. 실망감이 고개를 들고 방향을 잃어버린 것 같다. 사탄의 끊임없는 거짓말에 수긍하고 말았다. 이런 상황들은 우리로 하여금 비전을 잃게 만든다. 어떤 이유로든 미래를 잃어버린 사람에게는 삶의 희망과 즐거움도 없다. 미래를 잃어버린 사람은 우울하고 초조하고 심드렁하거나 두려움을 갖고 산다.

이런 일이 결코 없을 것 같다 하더라도 사실은 그렇지 않다. 누구에게나 이런 일은 일어날 수 있다. 만약 이미 경험하고 있는 사람이라면 낙담하여 하나님이 자신의 미래이며 희망이라는 사실을 망각했을 것이다.

혹시 지금 미래가 보이지 않거나 이런 상황을 장차 피하고 싶다면 날마다 주님의 말씀으로 먹여 주실 것을 기도하라. 그분께 기도하고 찬양 드릴 때마다 당신을 만나 주시라고 기도하라. 기도는 가장 확실한 예방책이자 치료책이다. 하나님만이 미래를 알게 해 주시는 유일한 분이시며 그분만이 당신의 미래이시기 때문이다. 하나님은 당신의 미래를 설계하셨고 그 미래로 들어갈 수 있게 하는 열쇠가 되신다.

주님, 미래가 보이지 않을 때마다 주님이 저를 위해 설계하신 모든 계획을 기억할 수 있게 하여 주소서. 제가 처한 상황은 앞일을 의심하도록 만듭니다. 그러나 이 상황보다 위대하신 주님이 미래와 희망을 주신다고 약속하신 말씀을 신뢰합니다. 부디 통찰력을 회복시켜 주옵소서. 한때 가졌던 비전을 새롭게 하시고, 꿈꾸지 못했던 새로운 비전을 주시기를 기도합니다.

기도하고 예배하는 데 충분한 시간을 할애하지 못했다면 제 생활의 패턴을 바꿔 주소서. 주님의 선하심을 항상 볼 수 있게 하시고 결코 의심하지 않게 하여 주소서. 저에게 힘과 용기를 주시고 인생에 방향성을 갖게 하여 주소서. 주님과 동행하기 때문에 제게는 목적과 부르심이 있다는 사실을 온전히 이해할 수 있게 하소서. 저를 향한 주님의 계획은 지금 제 삶에 일어나고 있는 모든 일들과 상관없이 온전함을 신뢰하기로 선포합니다. 예수님의 이름으로 기도합니다. 아멘

남편이 주님의 길에 있어야 할 때

여호와여 내가 알거니와 사람의 길이 자신에게 있지 아니하니
걸음을 지도함이 걷는 자에게 있지 아니하니이다 _ 렘 10:23

모든 사람은 인생길 어딘가에 서 있다. 이때 그리스도인은 자신의 길이 하나님이 뜻과 일치하여 마침내 목적지에 안전하게 도착할 수 있음을 확신해야 한다. 그러기 위해서는 하나님과 긴밀히 동행하고 그분의 방법에 순종하며, 성령님의 인도하심을 받아야 한다. 문제는 운전 중에 길을 묻지 않는 사람들이 더러 있는 것처럼 인생이라는 고속도로를 질주할 때 하나님께 방향을 묻지 않는 사람들이 꽤 많다는 것이다.

여자가 남자에 비해 반드시 길을 잘 묻는 것은 아니지만 길을 잘못 들어섰을 때 대개의 여자들은 이 점을 재빨리 인식하는 반면 많은 남자들은 그렇지 못하다. 하지만 다행스러운 소식이 있다. 남편을 위한 아내의 기도는 남편을 옳은 방향으로 이끌어 주고, 혹 그렇지 못할 때라도 그의 영적 GPS의 파손을 본인이 알아차릴 수 있도록 함으로써 큰 재앙을 피하게 한다.

하나님은 고집을 꺾으려고 막무가내로 밀어붙이는 분이 아니시고 고집불통인 자의 굴복을 받아내려고 무력을 쓰시는 분도 아니시다. 그러니 남편이 고집이 세고 다른 사람의 말에 좀처럼 귀 기울이지 않는 사람

이라면 그가 자기 판단만 믿고 가지 않도록 기도하라. 남편이 이미 잘못된 길에 들어섰고 그 대가를 온 가족이 치르는 중이라면 그 상황을 구속하실 것을 기도하라. 비상구가 안 보일 때도 하나님은 언제나 비상구를 찾아주신다.

주님, 남편이 주님의 곁에 머물기를 기도합니다. 그로 사탄의 속임수에 속지 않게 하시고 진리를 볼 수 있도록 도와주소서. 그의 마음을 주님의 영으로 채우셔서 지혜 가운데 행할 수 있도록 하소서. 주님의 길에 들어서는 것을 거부하는 고집과 반항심의 벽을 허물어 주소서. 지혜로운 자와 동행하여 지혜를 얻고 현명한 선택을 할 수 있기를 위해 기도합니다(잠 13:20). 길이신 주님을 볼 수 있게 하시고 그 길을 걸을 수 있기를 또한 기도합니다.

남편이 이미 잘못된 길로 들어섰고 그 대가를 저희 부부가 치르고 있다면 주님께서 그를 옳은 길로 인도하소서. 또한 남편이 주님의 길을 벗어나려 할 때마다 강력하고 빠르게 그의 마음을 돌이켜 주옵소서. 기도하지 않고 자신의 뜻대로 행했을 때마다 허비 됐던 시간과 물질에 대해 철저하게 회개할 수 있게 하옵소서. 저 역시 주님 앞에 바른 마음을 지킬 수 있게 하여 주시고 남편의 잘못이 초래한 상황으로 인해 분노와 원망의 덫에 빠지지 않게 하소서. 성령님이 이끄실 때만이 그의 모든 걸음걸음이 올바른 방향으로 향하게 될 줄을 압니다(갈 5:25). 예수님의 이름으로 기도합니다. 아멘

우리가 염려해서는 안 될 때

아무것도 염려하지 말고 다만 모든 일에 기도와 간구로, 너희 구할 것을 감사함으로 하나님께 아뢰라 그리하면 모든 지각에 뛰어난 하나님의 평강이 그리스도 예수 안에서 너희 마음과 생각을 지키시리라 _ 빌 4:6-7

그리스도인에게 염려란 시간 낭비이자 에너지 낭비다. 염려는 지치게 하고 힘을 떨어뜨릴 뿐 아니라 사람을 옴짝달싹 못하게 한다. 물론 주님을 모르고 성령님과 상관없이 사는 사람이라면 염려할 만한 분명한 이유가 있다. 그는 매일 아슬아슬할 것이고 한 번의 실수로 인생이 망가질 수도 있다는 두려움에 살 것이다. 하지만 하나님과 동행하는 사람이라면 얘기가 다르다. 우리는 앞서 주님이 계시지 않으면 선하고 영속적인 어떤 것도 성취할 수 없음을 시인하였다. 그리고 고난이 찾아올지라도 우리에게는 기도할 능력이 있고 세상이 이해할 수 없는 평안을 주님으로부터 받게 된다는 사실도 알게 되었다.

그러므로 어려운 일이 생기면 즉시 하나님께 나아가라. 그리고 그분께 당신의 짐을 풀어놓으라. 아무리 몸과 마음이 지쳤더라도 그분께 찬양과 예배드리는 일을 미뤄서는 안 된다. 주님은 불가능한 것이 없는 만유의 주인이심을 인정하고, 당신이 처한 상황을 구체적으로 아뢰라. 또한 당신의 생각과 느낌을 소상히 설명하고, 참된 평안을 얻기 전까지는 기도를 중단하지 마라.

하나님이 당신에게 주신 평안은 당신의 심령에 방패막이가 된다. 특히 기도와 주님이 주신 평안은 분명히 서로 연관되어 있다. 그러니 염려가 찾아오면 평안을 찾을 수 있는 곳으로 가라. 그럼으로써 불필요한 일에 시간과 에너지를 낭비하는 일이 없도록 하라.

주님, 저희 부부가 염려의 조짐이 나타나는 즉시 그 생각을 거부할 수 있기를 기도합니다. 어떤 일이 일어나든 간에 기도로 주님께 나아가게 하소서. 두려움과 염려와 무거운 짐을 진정으로 주님 앞에 내려놓게 하시며, 마음속 무거운 짐들을 기도의 힘으로 다스리게 하소서. 항상 저희 기도를 들으시고 주님의 방법으로 주님의 때에 응답하시는 하나님을 찬양하며 감사하게 하소서.

지금 제 어깨를 짓누르는 가장 무거운 짐을 구체적으로 주님 앞에 풀어놓습니다. 이 걱정 근심을 주님께 내려놓을 때, 저희의 생각으로는 결코 이해할 수 없는 주님의 평안을 주심을 감사드립니다. 주님의 평안이 저희 마음속 깊은 곳에 임하여서, 저희가 두려움과 근심으로 마음과 몸을 탕진하지 않게 하옵소서. 지금 당장 주님께 나아오게 하심으로 소중한 시간과 에너지를 염려하는데 써 버리지 않게 하옵소서. 모든 두려움을 이기신 주님의 놀라운 평안을 인해 주님께 감사드립니다. 예수님의 이름으로 기도합니다. 아멘

내가 이혼을 생각할 때

결혼한 자들에게 내가 명하노니, 명하는 자는 내가 아니요 주시라: 여자는 남편에게서 갈라서지 말고 만일 갈라섰으면 그대로 지내든지 다시 그 남편과 화합하든지 하라. 남편도 아내를 버리지 말라 _ 고전 7:10-11

하나님은 이혼에 관한 그분의 생각을 분명히 밝히셨다. 즉, 하나님은 이혼을 미워하신다. "이스라엘의 하나님 여호와가 이르노니 나는 이혼하는 것을… 미워하노라"고 성경에 기록되어 있다(말 2:16). "미워한다"는 말은 얼마나 강한 어조인가. 사실, 어느 누구라도 전능하신 만유의 하나님이 미워하시는 일을 하고 싶지는 않을 것이다. 그러나 결혼 생활이 지옥 같고 그 고통이 견디기 어려운 지경에 이르며 화합이 불가능해 보일 때 '이혼'을 탈출구로 생각하게 된다.

이혼이라는 선택과 싸우는 가장 좋은 방법은 이 생각이 머릿속에 들어온 즉시 그 생각의 불길이 번져 나가지 못하도록 즉각 주님께 고백하고 기도하는 것이다. 하지만 그러지 못하는 경우가 많다. 이혼 말고는 다른 대안이 없다는 생각이 확고하거나, 이 생각을 주님께 고백하는 것이 부끄럽거나 결혼이 주는 고통에서 벗어나기만을 너무나 간절히 바라기 때문이다. 이유가 어찌됐든 간에 하나님은 우리의 어두운 생각을 그분의 밝은 빛 가운데 가져오기를 원하신다. 그래서 직접 그 생각을 태우시고 상황을 바꾸시기를 원하신다.

당신이 이혼을 하나의 대안으로 생각하기 시작했다면 그 생각이 자랄 기회를 주지 마라. 당신의 영혼을 짓밟고 결혼을 무너뜨리려는 사탄은 이혼이라는 생각의 씨를 심고 그 씨가 거대한 나무로 자랄 때까지 거짓말이라는 비료를 멈추지 않고 준다. 씨가 아직 조그마할 때 으스러뜨려라. 하나님은 그분이 그토록 단호하게 미워하시는 것을 당신이 능히 대적할 수 있도록 기꺼이 도우실 것이다.

주님, 한순간이라도 이혼할 생각을 했던 것에 대해 주님께 용서를 구합니다. 이혼은 주님의 뜻이 아니며, 주님은 깨트린 언약을 미워하심을 압니다. 저희 부부에게 주님의 영을 부어 주셔서 저희가 서로 사랑하고 존중하고 대화하는 가운데 해결책을 모색하게 하여 주옵소서. 또한 각자의 악한 부분들을 변화시켜 주시고 함께 있을 때 더 나은 사람이 되게 하여 주옵소서.

부부 사이에 회복 불가능한 상처가 있다면 치유해 주시기를 기도합니다. 돌같이 굳은 마음을 부드럽게 하시고, 용서의 기적을 베풀어 주소서. 저희가 서로 사과하게 하시고 서로에게 용서를 구하게 하여 주소서. 혹시 저희 중에 이혼한 경력이 있다면, 이를 용서하시고 다시는 이혼의 절차를 밟지 않도록 이끄소서. 이 고통의 유일한 해결책이 이혼이라고 현혹하는 사탄의 덫에 빠지지 않도록 저희를 보호해 주소서. 예수님의 이름으로 기도합니다. 아멘

남편이 장기간 떠나야 할 때

내가 주 여호와의 능하신 행적을 가지고 오겠사오며
주의 의 곧 주의 의만 진술하겠나이다 _ 시 71:6

내가 아는 한 여성은 이라크에서 14개월간 복무해야 하는 남편을 두었다. 막 걸음마를 시작한 첫째와 뱃속의 둘째를 가진 그녀에게 남편의 장기 출타는 큰 희생이 따르는 상황이었다. 그러나 그녀는 이 상황을 잘 견뎌 내고 있다. 이 젊은 부부는 모두 주님을 알고 있고 서로를 향한 기도의 힘을 믿기 때문이다.

이처럼 직장 문제를 비롯한 몇 가지 이유로 남편이 오랜 기간 아내와 가족을 떠나 있어야 하는 상황이 발생할 수 있다. 남편이 먼 타지에 갔거나 장기간 집에 올 수 없는 상황일 때 기도는 부부를 연결해 주는 고리 역할을 한다. 떨어져 지낼 수밖에 없는 상황을 부부가 서로 동의한 경우라면 괜찮지만, 그렇지 않다면 문제가 발생할 소지가 있다. 그러나 이보다 더 중요한 것은 떨어져 지내는 동안 서로를 위해 기도하기로 합의했느냐 그렇지 않느냐 하는 점이다.

날마다 배우자를 위해 기도하면, 부부가 다시 합쳤을 때 마치 아무런 일도 없었던 것처럼 자연스레 다시 융화될 수 있다. 헤어져 있는 동안 각자 옳은 일을 하며 지냈기 때문이다. 그러므로 부부가 떨어져 지내는 동안은 그 어느 때보다도 기도가 필요한 때다. 남편이 아내를 위한 기도를 하지 않는다 해도 당신은 그를 위해 기도하라. 그와의 사이가 천릿길이나 떨어져 있든 오랜 시간 따로 지내야 하든 그가 안전하게 출입할 수 있기를 위해 매일 기도하라.

주님, 저희 부부가 떨어져 지내야 하거나 장시간 따로 살아야 하는 상황이 왔습니다. 그가 다치지 않고 안전하게 귀가할 수 있도록 보호하여 주소서. 임무를 잘 감당할 수 있게 하시고 옳은 일을 할 수 있도록 도와주소서. 동료들과 협력할 수 있게 하시되 모든 유혹으로부터 건지시기를 기도합니다. 또한 시간과 공간적으로 저희가 떨어져 있겠지만 다시 만날 때는 더욱 가깝게 하여 주옵소서.

한편 남편이 돌아올 즈음에는 제가 더 나은 사람이 되어 있기를 기도합니다. 또한 그가 돌아온 후에는 원래의 환경에 순조롭게 적응할 수 있기를 기도합니다. 혹시 그가 떠나기 전 저희 안에 풀어지지 않은 긴장과 갈등이 남아 있었다면, 이 순간 성령님의 권능으로 그 갈등들이 풀어지기를 기도합니다.

부디 남편의 출입을 지키셔서 그가 "여호와의 능하신 행적"을 가지고 오게 하시고 한시라도 주님과 주님의 도를 잊지 않게 하옵소서. 예수님의 이름으로 기도합니다. 아멘

우리가 한 몸을 이뤄야 할 때

> 내가 그들에게 한 마음을 주고 그 속에 새 영을 주며 그 몸에서 돌 같은 마음을 제거하고 살처럼 부드러운 마음을 주어 내 율례를 따르며 내 규례를 지켜 행하게 하리니 그들은 내 백성이 되고 나는 그들의 하나님이 되리라 _ 겔 11:19-20

하나님은 남편과 아내를 한 몸으로 만드셨다고 말씀하신다(창 2:24). 이것이 당신과 당신 남편을 바라보시는 하나님의 시각이다. 그러므로 당신 부부도 서로를 그렇게 바라봐야 한다. 부부로서 한 몸 되는 방향으로 살기로 작정하지 않으면 자연스럽게 다른 방향을 보고 살아가게 된다. 바쁘게 돌아가는 세상에서 자기중심적인 관점은 피할 수 없는 이치니 말이다. 그렇지만 한 몸이 되기 위한 의식적인 선택을 하고 이를 위해 기도하면 부부의 사랑과 존중은 더욱 깊어질 수 있다.

안타깝게도 오늘날의 가정에서는 사랑과 존중이 자라기는커녕 서로에 대한 경멸과 무시가 우세하게 되었다. 하나님의 뜻에 정확히 반대되는 이 판국은 통탄스럽기 그지없다. 당연히 하나님은 이 상황을 바꾸기를 원하신다. 당신 부부가 서로를 비난하고 단점을 지적하는 것을 서슴지 않고 심지어 마주보는 것도 거부하고 있다면, 각자에게 한마음을 주시고 새 영을 주실 것을 기도하라. 그동안 생긴 돌 같은 마음을 제거하고 살처럼 부드러운 마음을 주시도록 기도하라. 서로 사랑하고 존중하고 소통하고 우정을 쌓아갈 수 있게 해 달라고 기도하라.

이런 기도를 하기에 앞서 서로에게 완전한 용서를 이루시도록 하는 기도를 먼저 해야 한다. 한 번도 배우자를 멸시하는 마음을 가진 적이 없다면 앞으로도 계속 그럴 수 있기를 위해 기도하라. 날마다 더욱 한 몸이 되기를 위해 기도하라. 당신 부부를 바라보시는 하나님의 시각처럼 말이다.

주님, 남편과 저를 한 몸으로 만드셨음을 압니다. 그러나 우리의 이기적인 욕구가 자꾸 한 몸이 되는 것을 방해합니다. 주님의 관심사가 아닌 저희의 관심사를 추구하는 것이 죄임을 압니다. 저희를 용서하시고 부부가 한 몸이기를 원하는 주님의 뜻을 대적하지 않게 하옵소서. 한마음과 새 영을 주셔서 주님의 뜻하신 길을 저희가 함께 걷게 하옵소서.

저희 안에 주님의 영을 부어주셔서 저희 삶을 다스려 주시기를 기도합니다. 오직 주님만이 저희를 변화시키시고 이기적인 마음과 비난의 영과 무시와 멸시와 분열의 마음을 제거하실 수 있습니다. 굳고 단단한 저희의 마음을 허무시고, 주님의 뜻대로 빚어 주시기를 기도합니다. 저희가 서로 멀어지지 않고 더욱 가까워지기를 원합니다. 이미 저희를 한 몸으로 보시는 주님의 시각대로, 저희가 한 몸을 이뤄 주님이 주신 길을 동행할 수 있기를 기도합니다. 예수님의 이름으로 기도합니다. 아멘

내가 감정이 회복되어야 할 때

상심한 자들을 고치시며 그들의 상처를 싸매시는도다 _ 시 147:3

여자들은 너무나 자주 사탄의 거짓말을 사실인양 받아들인다. 사탄은 슬픔이나 외로움, 불안함과 두려움, 우울한 감정과 패배감, 무기력함과 분노 등의 부정적인 감정에서 우리가 결코 벗어날 수 없다고 거짓말을 한다. 물론 이 거짓말은 사탄의 속임수에 불과하다. 부지런히 진리의 영을 좇지 않으면 이 속임수에 넘어가기 십상이다. 그러므로 거짓말에 속지 않으려면 부지런히 기도해야 한다. 부정적인 감정은 하나님이 주신 감정이 아니다.

다윗 왕은 주님이 "내 영혼을 소생"시키신다고 했다(시 23:3). 실제로 시편 23편은 처음부터 끝까지 영혼을 치유하는 내용을 담고 있다. 하나님의 임재 안에 있으면 정서의 치유가 일어난다. 그분이 인생의 모든 영역을 완전하게 하시기 때문이다. 찬양과 예배와 말씀은 부정적인 감정에 대항하는 가장 강력한 무기다. 그러니 부정적인 감정이 당신의 삶을 지배하고 억압하려 들면 그분께 찬양을 올려드려라. 당신의 상처로부터 새살을 돋아나게 하시고 고쳐주시는 주님을 찬양하라(렘 30:17).

감정적으로 힘든 부분이 무엇이던 간에 그 감정을 주님 앞에 소상히 아뢰고 당신을 치유하시고 새롭게 하실 것을 기도하라. 모든 의심으로부터 자유하게 하시고 영혼을 완전히 치유하시기를 기도하라. 그분이 원하시는 감정적인 온전함에 이르기를 기도하고 그 이하의 어떤 상태에도 안주하지 마라. 하나님은 그분의 "선하심과 인자하심"이 당신의 평생에 함께하기를 원하신다(시 23:6).

주님, 주님이 제 영혼의 치유자가 되심을 감사드립니다. 제 안에 있는 부정적인 생각들을 주님께 구체적으로 올려 드리오니, 그로부터 저를 자유하게 하옵소서. 치유할 상처가 있음에도 이를 모르고 있다면 제게 이 상처들을 보여 주시고, 주님께 가지고 나올 수 있게 하옵소서. 주님은 제가 자유하기를 원하시는데, 제가 억압의 멍에를 메고 있을 수는 없습니다.

부디 제 속에 도사린 슬픔과 우울함과 불안과 두려움과 무기력함과 연약함과 정서적인 고통을 없애 주소서. 제 삶을 향한 주님의 뜻이 아닌 생각들을 거부하게 하소서.

부정적인 감정이 남편과 결혼에도 악영향을 끼침을 압니다. 아무쪼록 사탄의 거짓말에 속아 넘어가지 않게 하소서. 사탄은 이 감정들이 제가 지고 가야 할 짐이라고 거짓말을 합니다. 이를 떨쳐 제 심령을 새롭게 하소서. 주님이 허락하신 온전한 삶을 살게 하옵소서. 예수님의 이름으로 기도합니다. 아멘

남편이 다쳤을 때

이 말씀은 나의 고난 중의 위로라 주의 말씀이 나를 살리셨기 때문이니이다 _ 시 119:50

　남자들은 아파 누워 있는 무능한 상태를 끔찍이도 싫어한다. 여자라고 크게 다르진 않겠지만 적어도 아내들은 자기 고통을 주변 사람들에게 내색하는 것을 덜 창피하게 생각한다. 실제로 고통은 나쁜 태도를 바로잡기도 하고 악화시키기도 한다. 즉, 고통에 대해 어떻게 반응하느냐가 중요하다는 의미다. 다치거나 아픈 상태를 좋아할 사람이 있겠는가마는 몸이 아프더라도 하나님을 영화롭게 하기로 선택할 수 있다. 치유자이자 구원자이신 주님을 찬양하고 예배하면 된다. 특히 아내의 기도와 찬양은 남편을 치유하고 회복시키는 구실을 할 뿐 아니라 아픈 과정 중에 그가 올바른 마음을 갖도록 돕는다.

　성경은 "병이 낫기를 위하여 서로 기도하라"라고 기록한다(약 5:16). "의인의 간구는 역사하는 힘이 크다"고도 덧붙인다. 이처럼 남편을 위한 아내의 간절한 기도는 큰 힘을 발휘한다. 그러므로 무슨 일이 일어나기 전에 미리 기도하는 습관을 가져라. 기도하는 중에 설사 사고가 발생한다 해도 그 부상 정도는 기도하지 않을 때보다 기적적이라 할 만큼 경미할 것이다.

한편 이미 부상이 발생했다면 남편의 몸과 마음을 하나님의 치유의 손으로 어루만져 주시라고 기도하라. 혹시 남편의 어리석은 행동 때문에 사고가 났다면 그에게 지혜를 주실 것을 기도하라. 그리고 외부의 요인이 원인이었다면 남편이 분노의 싹을 틔우지 않기를 기도하라.

주님, 남편을 사고나 부상으로부터 보호하시기를 기도합니다. 그가 가는 곳마다 그를 안전하게 지켜주소서. 이미 부상이 생겼다면 그 다친 부위를 고치시기를 기도합니다. 그의 통증과 불편함을 없애 주소서. 정확한 진단과 적절한 치료를 받을 수 있도록 도우시고, 의사들과 물리 치료사들에게 지혜를 주소서. 또한 장차 재발 방지를 위해 그가 알아야 할 것들을 알려 주시며, 그만두어야 할 것과 시작해야 할 일들을 가르치소서. 또한 제게도 통찰력과 지혜를 주셔서 그를 위해 무엇을 해야 할지를 분별케 하옵소서.

무엇보다 남편의 마음과 태도가 주님 앞에 올바르기를 기도합니다. 그리하여 자신의 상황에 대해 주님이나 제게 혹은 다른 사람에게 분을 품지 않기를 기도합니다. 주님을 찬양하고 예배하는 것이 부정적이고 쓰디쓴 마음을 갖는 것보다 훨씬 더 큰 치유의 광선을 발하는 것임을 알게 하옵소서. 주님의 임재 안에서 위로 받게 하시고, 주님이 주시는 회복을 누릴 수 있게 하옵소서. 예수님의 이름으로 기도합니다. 아멘

우리 안에 말씀이 살아야 할 때

하나님의 말씀은 살아 있고 활력이 있어 좌우에 날선 어떤 검보다도 예리하여 혼과 영과 및 관절과 골수를 찔러 쪼개기까지 하며 또 마음과 생각과 뜻을 판단하나니 _ 히 4:12

매번 성경을 읽을 때마다 그전에는 미처 몰랐던 것들을 깨닫게 된다. 심지어 백 번 읽은 말씀을 백한 번째 읽을 때 새로운 이해와 계시를 받는 경우도 있다. 이유는 간단하다. 하나님의 말씀은 심오하기 때문이다. 말씀은 살아 있고 성령님의 호흡이 깃들여 있다. 말씀을 읽을 때마다 그 말씀은 마음속에 더 깊이 아로새겨지고 더 큰 에너지를 발산한다. 그래서 말씀이 없는 삶은 공허하고 무기력하다.

하나님이 주시는 힘과 생명이 필요치 않는 사람은 없겠지만, 그 어떤 관계보다 부부 관계에 있어서 주님의 생명은 더더욱 필요하다. 주님의 말씀을 마음에 아로새기셔서 주님과 주님의 진리를 믿는 믿음을 날마다 키워 주시라고 기도해야 하는 이유가 여기에 있다. 부부 각자가 주님의 말씀을 읽고 그 말씀을 간직하고 더 깊이 이해할 수 있게 해 주실 것을 기도하라. 말씀이 마음속에서 살아 역사하시도록 기도하라.

남편이 주님을 영접하지 못했다면, 기도 가운데 주님의 말씀을 선포하라. 그 말씀이 마음을 관통해서 그가 진리를 볼 수 있게 되기를 기도하라. 그가 주님은 알지만 말씀 보기를 거부한다면, 말씀 없는 삶은 공허할 수밖에 없음을 인정하게 해 주시라고 요청하라. 더불어 말씀 안에서 주님의 충만함을 만날 수 있게 되도록 기도하라. 그래서 남편이 힘 있게 역사하는 믿음의 거목으로 자랄 수 있기를 간구하라.

주님, 주님의 말씀이 살아 있고 운동력 있음을 감사드립니다. 저희 부부가 주님의 말씀을 더욱 사모하게 되기를 기도합니다. 눈을 떠서 진리를 볼 수 있게 하옵소서. 주님의 말씀이 저희의 기억과 생각의 일부가 되게 하옵소서. 혹시 남편이 말씀 보기를 거부하고 있다면 그의 반항심을 없애 주시고 주님의 말씀을 읽고 주님 닮기를 갈망하게 하여 주소서. 더불어 주님의 말씀을 읽고 말할 때마다, 주님께서 약속하신 것처럼 저희의 믿음이 자라나기를 또한 기도합니다.

주님의 말씀은 살아 있고 활력이 있어서 저희 마음의 생각과 계획을 밝히십니다. 그러니 말씀을 읽을 때마다 저희 속에 그릇된 생각을 밝혀 주소서. 남편이 성경을 읽지 않으려 할 때면, 제가 읽는 말씀을 그가 듣게 하옵소서. 제가 기도하는 중에 그에게 말씀을 전하게 하옵소서. 저희가 마음을 다하고 목숨을 다하고 뜻을 다하고 힘을 다하여 주 하나님을 사랑하게 하옵소서(막 12:30). 예수님의 이름으로 기도합니다. 아멘

내가 변화되어야 할 때

우리가 다 수건을 벗은 얼굴로 거울을 보는 것같이 주의 영광을 보매 그와 같은 형상으로 변화하여 영광에서 영광에 이르니 곧 주의 영으로 말미암음이니라 _ 고후 3:18

우리는 모두 변해야 한다. 변해야 한다는 데는 의심의 여지가 없다. 우리는 모두 주님을 더욱 닮아야 하기 때문이다. 또한 주님을 닮는 길은 하나다. 바로, 그분과 함께 시간을 보내고 매사에 주님을 찾는 길밖에 없다. 그러므로 주님께 기도하고 그분을 찬양하고 예배하며 그분의 말씀을 보고 그분의 음성을 들어야 한다. 주님을 찾으면 찾을수록 그분의 성품이 우리 안에 자라기 시작하고 우리는 더욱 주님을 닮게 되기 때문이다. 우리가 주님을 지속적으로 보고 있노라면 성령님의 권능으로 말미암아 영광에서 영광에 이를 수 있다.

사실 인생 항로에 변화가 있어야 한다는 인식은 누구나 한다. 다만 더욱 절실하게 그 변화를 갈구하는 순간이 있기 마련이다. 가령 체력이 바닥났거나 지치고 병들었거나 마음이 뒤죽박죽이 되었거나 사업에 실패했을 때 성령님의 회복하시는 권능을 간절히 바라게 된다. 그리고 하나님은 당신이 그분의 권능을 힘입기를 원하신다. 그러나 그분의 권능을 바라는 것에 그쳐서는 안 된다. 하나님은 당신이 기도를 통해 그 권능을 요청하기를 원하신다.

부디 하나님이 원하시는 변화를 이루기 위해 기도하라. 주님과 더 많은 시간을 보냄으로 그분을 더 잘 알게 해 주실 것을 기도하라. 그분의 목적대로 당신을 변화시켜 주시며 새 사람이 되게 이끌어 주시라고 기도하라. 그러면 주님이 당신을 축복하실 것이다.

주님, 저는 제 한계를 깨닫습니다. 인내와 긍휼과 친절과 사랑이 제가 원하는 크기에 항상 미치지 못하는 것을 봅니다. 그러나 주님이 저를 변화시키시면 주님을 닮아 갈 수 있습니다. 저를 주님 닮게 하시어, 주님 안에 있는 완전한 인내와 긍휼과 친절과 사랑을 따라가게 하옵소서. 이런 품성들은 항상 필요하지만 결혼과 부부 관계에는 더더욱 필요합니다. 저 혼자의 힘으로는 주님의 성품을 드러낼 수 없사오니, 주님이 도와주시어서 주님이 원하시는 아내의 품성을 갖추게 하옵소서.

날마다 제 심령을 새롭게 하여 주시며, 어떤 상황에서도 주님의 평강을 힘입기 원합니다. 또한 남편과의 관계에서도 주님의 선하심이 드러나기를 원하며, 남편 역시 주님의 선하심을 더욱 갈망하게 되기를 기도합니다. 주님의 인내와 긍휼과 친절과 사랑이 저를 통해 주변 사람들에게 흘러가게 하소서. 주님을 예배할 때 주님의 임재를 볼 수 있게 하심으로 영광에서 영광에 이르도록 하옵소서. 예수님의 이름으로 기도합니다. 아멘.

남편이 부모와 화목해야 할 때

너는 네 하나님 여호와께서 명령한 대로 네 부모를 공경하라
그리하면 네 하나님 여호와가 네게 준 땅에서 네 생명이 길고 복을 누리리라 _ 신 6:16

남편에게 향하신 하나님의 축복을 모두 받아 누리려면 무엇보다 남편이 그 부모와 화목해야 한다. 남편의 아버지가 이미 고인이 되었거나 아버지가 심각한 폭군이었데도 마음으로부터 공경할 수 있어야 한다.

노아가 벌거벗은 채 잠이 들었을 때, 노아의 아들인 함은 아버지의 장막에서 아버지의 벗은 하체를 보았다. 하지만 그는 그 벗은 몸을 덮어주는 대신에 형제들에게 이 사실을 알렸다. 반대로 또 다른 아들인 셈과 야벳은 뒷걸음질 쳐 들어가 옷으로 아버지의 하체를 가려 주었다. 이 일로 인하여 셈과 야벳은 축복을 받았고, 함은 저주를 받았다. 이렇게 갈린 축복과 저주의 사슬은 노아의 세 아들들로부터 시작해서 그들의 자손에게까지 이어졌다(창 9:18-27).

이 저주는 중대하다. 하나님은 부모를 공경하면 그 자손이 장수하고 복을 누릴 것이라고 약속하신 반면, 부모를 공경하지 않으면 그 인생이 길지 않으며 복도 누리지 못할 것이라고 선포하셨다. 따라서 남편의 마음속에 그려진 아버지의 이미지가 부정적이라면 그 기억은 지워야 한다. 이 말은 아버지의 잘못과 어린 시절의 기억을 깡그리 잊어야 한다는

뜻이 아니다. 남편이 부정적인 기억의 포로가 돼서는 안 된다는 말이다.

성경은 또한 아버지나 어머니를 비방하는 자는 반드시 죽임을 당할 것이라고 기록한다(마 15:4). 더욱이 남편과 아버지와의 관계에 평안이 있느냐 없느냐 하는 것은 남편에게만 지대한 영향을 끼치는 것으로 끝나지 않는다. 그것은 아내에게도 상당한 영향을 끼친다. 그러니 기도하라.

주님, 남편이 그 아버지에 대해 갖고 있는 부정적인 기억을 없애 주시기를 기도합니다. 어떤 식으로든 그가 아버지를 멸시하지 않기를 원합니다. 또한 주님께서 예비하신 축복을 그가 모두 받아 누리기를 원합니다. 그의 상처와 울분과 분노와 슬픔과 무관심과 고통스러운 기억들을 치료하여 주소서. 과거를 완전히 청산할 수 있도록 도와주소서.

아버지가 지나치게 엄격했거나 유약했다면 그럴 수밖에 없었던 상황을 그가 이해할 수 있게 하시고, 사랑이 부족했다면 그를 무조건 사랑하시는 하나님 아버지를 더욱 의지하게 하여 주소서. 어떤 식으로든 아버지가 자신을 버린 것으로 느끼고 있다면 하나님 아버지는 그를 결코 떠나지도 버리지도 않는다는 사실을 기억하게 하여 주옵소서. 한편 그에게 좋은 아버지가 계셨다 해도 나쁜 기억과 상처들이 있을 줄 압니다. 그것들을 모두 내려놓게 하옵소서. 아버지가 이미 고인이 되었더라도 남편과 아버지 사이를 화목하게 하옵시고 그 관계를 치유하여 주옵소서. 오직 주님만이 이 일을 하실 수 있습니다. 예수님의 이름으로 기도합니다. 아멘

우리가 성적 불결에 저항해야 할 때

내 눈을 돌이켜 허탄한 것을 보지 말게 하시고
주의 길에서 나를 살아나게 하소서 _ 시 119:37

음란의 죄가 가정에 들어와선 곤란하지만 성적 불결 역시 발을 들여놓게 해서는 안 된다. 오늘날 성적인 불결은 어디에나 있다. 잡지나 영화, 게시판이나 TV광고, 인터넷 등에서도 넘쳐난다. 그러므로 단지 포르노를 한 번도 본 적이 없다고 해서 그 마음이 깨끗하다고 할 수는 없다. 결혼에 있어서 이 문제는 실제로 심각하다. 특히 당신이 유혹을 받지 않는다고 해서 남편 역시 그럴 것이라고 짐작해서는 안 될 일이다.

결혼을 무너뜨리고 영혼을 파괴하려는 사탄은 불결한 성적 이미지를 사용하여 부부 관계를 망가뜨린다. 하나님은 부부를 한 몸 되게 하는 부부의 성관계를 옹호하신다. 그러나 사탄은 하나님과 반대다. 어떻게든 부부가 한 몸이 되지 못하게 하려고 노력한다. 오늘날 포르노는 심각한 사회 문제로 떠올랐다. 포르노를 보는 사람 중 더러는 이 일로 다치는 사람이 없다는 이유로 자신들의 행위를 정당화한다. 하지만 실상은 그렇지 않다. 그것을 보는 사람도 다치고 그 배우자도 다친다. 포르노에 빠진 남편을 보는 아내의 심정은 고통스럽다.

모든 성적인 죄는 파괴적임을 기억하라. 그 죄가 '마음'에만 머물러 있다 해도 다르지 않다. 육체적 불륜이 몸을 망가뜨리듯이 정신적 불륜은 마음을 망가뜨린다. 그리고 망가진 마음은 영혼을 좀먹는다. 순간의 쾌락이 대단하다 해도 영혼을 좀먹는 폐해와는 비교할 수 없다. 우리 사회를 좀먹고 있는 성적 오염의 힘이 막강하니만큼 여기에 저항하려면 반드시 기도가 필요하다.

주님, 남편과 저를 성령님의 힘으로 강건하게 하시고 불결한 성적 이미지를 이용해 마음을 더럽히려는 음란한 영에 대적할 수 있게 하소서. 삶을 병들게 하는 어떠한 유혹도 뿌리치게 하옵소서. 성적인 유혹을 즉시 알아차리게 하시고 그 자리를 털고 일어날 수 있게 하소서. 현재 이 문제를 적절하게 대처하고 있다 하더라도 한순간의 생각이 마음을 사로잡고 행동으로 발전 될 수 있음을 압니다. 이러므로 단 한순간도 포르노가 저희 삶에 발붙이지 못하게 하시고 음란의 영을 멸절하여 주옵소서.

마음의 순결을 원하시는 주님의 뜻을 거역하지 않게 하소서. 저희의 생각을 사로잡아 주셔서 성적으로 더러워지는 일이 없도록 지켜 주옵소서. 혹시라도 주님의 뜻을 이미 어겼다면, 이 죄를 빛 가운데 드러나게 하시어서 회개하게 하옵소서. 이 죄의 구속으로부터 저희를 구원하여 주옵소서. 성적인 죄가 저희 가운데 없다면 저희 마음에 온전한 순결을 이루시고 앞으로도 지켜 주시기를 원합니다. 예수님의 이름으로 기도합니다. 아멘

내 몸을 관리해야 할 때

너희 몸은 너희가 하나님께로부터 받은 바 너희 가운데 계신 성령의 전인 줄을 알지 못하느냐 너희는 너희 자신의 것이 아니라 값으로 산 것이 되었으니 그런즉 너희 몸으로 하나님께 영광을 돌리라 _ 고전 6:19-20

대부분의 아내는 가족을 돌보는 일에 눈코 뜰 새 없이 바쁘다. 가사일과 육아와 내조를 하느라 이미 체력적인 한계에 다다랐을 수 있다. 이때 모든 일을 잘할 수는 없으니만큼 어느 부분은 포기해야 하는데 여자들은 대개 자기 몸 돌보기를 포기한다. 게다가 자신을 위해 무언가를 하는 것이 이기적인 태도라도 되는 양 죄책감을 가지는 경우도 있다. 그러나 이것은 전혀 사실이 아니다. 자신을 육체적으로 정신적으로 영적으로 소홀히 하지 않는 것은 주님께 대한 의무이기도 하다.

자신을 돌볼 시간을 등한시하면 자신뿐 아니라 남편과 아이들에게도 악영향을 끼친다. 더군다나 몸은 당신의 것이 아니라 성령의 전이다. 예수님은 당신을 위해 막대한 비용을 지불하셨다. 그분은 당신이 자신을 잘 돌봄으로써 그분께 영광 돌리기를 원하신다. 또한 찬양과 예배로 날마다 주님 앞에 나오는 시간을 갖기 원하신다. 염려와 근심으로부터 당신 마음이 안식을 누리기를 원하시며, 체력을 보강하고 활력과 건강을 증진하는 양질의 음식을 먹기를 원하신다. 꾸준한 운동을 통해서 더 튼튼해지기를 원하신다. 주님은 당신이 신체적으로 건강할 뿐 아니라 내면의 속사람 또한 건강하기를 원하신다.

그러니 몸을 더 잘 관리하는 데 필요한 일을 알려 주실 것을 기도하라. 몸 관리를 주님께 맡겨 드려라. 신체적 건강과 에너지가 남편에게 주는 매력을 간과하지 마라. 이 매력을 갖기 원하고 이에 걸맞은 노력을 기울이는 것은 지극히 당연한 일이다.

주님, 제 몸을 적절하게 관리하는 방법을 알려 주셔서 제가 건강하고 활력이 넘치는 사람이 되게 하소서. 좋은 음식을 먹고 꾸준히 운동함으로써 건강하고 활기찬 삶을 살 수 있게도 도와주소서. 무엇보다 주님과의 친밀한 시간을 규칙적으로 갖기를 원합니다. 날마다 주님만이 주시는 평안과 안식을 누리게 하옵소서. 하루의 일과가 끝나면 온전하고 편안한 휴식을 갖게 하셔서 다음날 상쾌하고 맑은 정신을 온종일 유지할 수 있게 하옵소서.

제 몸은 성령님이 거하시는 성전인 줄 압니다. 이 성전을 잘 관리하는 데 필요한 일들을 하게 하옵소서. 자신을 위해 들이는 시간과 노력을 마땅한 것으로 알게 하시고 이 일에 죄책감을 갖지 않게 하옵소서. 저를 위한 노력이 궁극적으로 남편과 가정을 위한 것임에 또한 감사드립니다. 저를 지치지 않게 하옵시고, 허약하지도 부실하지도 않게 하옵소서. 저를 관리하는 모든 노력 가운데 주님이 영광 받으시기를 원합니다. 예수님의 이름으로 기도합니다. 아멘

남편이 즐거운 마음을 가져야 할 때

마음의 즐거움은 양약이라도 심령의 근심은 뼈를 마르게 하느니라 _ 잠 17:22

부정적인 태도는 걱정의 산물일 수 있다. 결과가 좋지 않을 것을 너무 걱정한 나머지 최악의 시나리오를 미리 준비해 두는 경우가 많다. 그리고 우리의 상한 심령은 매사에 부정적인 말부터 뱉어 놓게 한다. 이 습관을 고치기란 쉬운 일이 아니지만, 하나님은 단숨에 고치실 수 있다.

비관적인 태도를 일삼는 남편은 자신만 지치게 하는 것이 아니라 아내도 지치게 한다. 매사가 부정적인 사람 주변에 있기란 여간 고역스러운 일이 아니다. 어쩌면 아내인 당신이 지나치게 걱정이 많아 남편을 지치게 하는 사람일 수도 있다. 부정적인 남편을 방어하다가 당신이 도리어 부정적인 습관을 키워 가고 있는지도 모를 일이다.

어떤 상황이든 간에 부정적인 습관의 고리를 끊어 주실 것을 기도하라. 남편의 상한 영혼을 치유하시고 주님의 영으로 채우셔서 그분의 희락이 그에게서 샘솟기를 기도하라. 그가 주님의 임재를 경험함으로써 주님이 어떤 분이신지와 그를 위해 어떤 일을 하셨는지를 알 수 있게 해 달라고 기도하라. 무엇보다 주님께 매여 있으면 소망의 줄이 끊어지지 않음을 날마다 기억하라.

더불어 남편의 상한 마음이 육신의 병으로 이어지지 않기를 위해 기도하라. 우리 모두에게는 인생의 고비마다 하나님이 베푸실 역사를 기대하는 즐겁고 명랑한 마음의 양약이 필요하다. 당신 부부를 위한 선물로 남편에게 그 양약을 주실 것을 기도하라.

주님, 남편이 자신에게 양약이 되는 명랑한 마음을 가질 수 있기를 기도합니다. 그에게 주님의 희락을 채워 주시고 모든 근심을 날려 주소서. 생수의 근원인 성령님께 닿아 있으므로 아무리 길어도 마르지 않는 우물과 같이 남편 안에서 즐거움이 샘솟게 하여 주소서. 주의 영으로 날마다 그를 새롭게 하시고 즐거움과 명랑함을 잃지 않게 하옵소서. 저를 위해서도 같은 기도를 드립니다. 제가 주님의 선한 기운을 받음으로 삶에 드리워진 어둡고 무거운 그림자를 떨쳐버리게 하옵소서. 남편의 비관적인 태도가 제게도 영향을 끼치고 있다면 저를 강건하게 하셔서 이 분위기를 딛고 일어서게 하옵소서.

남편과 제게 주시는 주님의 희락의 영이 저희의 상한 영혼과 결혼을 치유하시기를 기도합니다. 부정적인 생각이 들 때나 나쁜 소식을 예상할 때마다 비관적으로 반응하게 하는 고질적인 악습을 고쳐 주소서. 주님이 저희의 결혼과 인생에 베푸실 위대한 역사를 고대하는 긍정적이고 선한 기대감이 저희 삶에 충만하기를 기도합니다. 예수님의 이름으로 기도합니다. 아멘

우리가 성관계에 합의해야 할 때

서로 분방하지 말라 다만 기도할 틈을 얻기 위하여 합의상 얼마 동안은 하되 다시 합하라
이는 너희가 절제 못함으로 말미암아 사탄이 너희를 시험하지 못하게 하려 함이라 _ 고전 7:5

부부의 성관계는 결혼에서 빼놓을 수 없는 중요한 영역이다. 그러나 이 부분은 등한시되어, 구체적인 합의와 솔직한 대화가 부족하고 무엇보다 기도가 부족한 영역이 되어 왔다. 그러나 기억할 것은 부부의 성관계를 고안하고 설계하신 분이 바로 하나님이란 사실이다. 하나님은 이것이 보기에 좋았노라고 말씀하셨다. 그리고 그분이 보기에 좋다 한 것을 그대로 유지하느냐 그렇지 않느냐는 우리에게 달려 있다. 남편과 아내는 성관계에 대해 구체적으로 합의해야 한다. 그렇지 않으면 어느 한 쪽의 좌절감이나 불만을 피하기 어렵다. 이 문제는 또한 부부 각자에게 우선순위가 되어야 하고 그에 걸맞은 노력이 투입되어야 한다. '할 일 목록'의 하단 부분에 적혀 있어서는 안 된다.

당신 부부가 육체적, 정서적 교감의 불길을 꺼뜨리지 않게 해 주실 것을 기도하라. 서로의 필요를 상대방에게 소통할 수 있도록 도우실 것을 요청하라. 부부 관계는 운에 맡기거나 소홀히 하거나 두고 보자는 식의 일이 되어서는 안 된다. 많은 부부가 이 문제 때문에 갈라섰다.

특히 나이가 들면서 성적 욕구도 변하니만큼 적절한 대화를 자주 나누는 일이 필요하다. 더불어 부부가 각 방을 쓰지 않도록 유의하라. 부부의 성관계는 인생에서 중요한 영역이니만큼, 기도와 솔직한 대화가 필요하다. 문제가 생긴 후에 기도하는 것보다 문제가 생기기 전에 기도하는 편이 훨씬 낫다.

주님, 부부 관계를 축복하셔서 저희가 성관계를 통해서 충족감을 얻을 수 있기를 기도합니다. 이 문제에 대해서 허심탄회하게 대화하게 하시고 서로의 필요를 이해할 수 있게 하옵소서. 성적인 부분은 결혼 관계에서 결코 소홀히 할 수 없는 부분입니다. 이를 등한시 하지 않게 하시고, 항상 우선순위에 두어서 적절한 시간과 노력을 기울이게 하여 주소서.

혹시 저희의 욕구가 서로 어긋날 때는 서로를 이해하게 하소서. 제가 남편과의 성관계를 거부하고 있다면 제 마음을 다시 그에게 열 수 있게 하옵소서. 반대로 그가 저를 거부하고 있다면 다시 저를 따뜻하게 포옹하게 하셔서 저희의 육체적인 표현이 자연스럽고 편안한 것이 되게 하여 주소서. 부부 관계에 있어서 저희 마음에 있는 모든 부정적인 사고를 없애 주시고 서로에 대해 열려 있음으로 서로를 자유롭게 바랄 수 있게 하소서. 예수님의 이름으로 기도합니다. 아멘

내가 타인을 용서해야 할 때

서서 기도할 때에 아무에게나 혐의가 있거든 용서하라 그리하여야 하늘에 계신 너희 아버지께서도 너희 허물을 사하여 주시리라 하시니라 _ 막 11:25

성공적인 결혼을 위해서는 남편을 용서하는 것이 최우선적으로 중요하지만 다른 사람을 용서하는 일 역시 이에 못지않게 중요하다. 용서하지 못하는 마음은 기도를 응답받는 길에 바리케이드를 쳐놓은 것과 같다. 하나님이 당신을 용서하신 것처럼 당신도 그 사람을 용서해야 한다. 이것이 예수님의 확고한 생각이다.

우리에게 고백하지 않은 죄가 남아 있을 때 하나님은 우리 기도를 듣지 않으신다. "내가 나의 마음에 죄악을 품었더라면 주께서 듣지 아니하시리라"(시 66:18). 예수님은 우리의 죄를 사해 주시려고 자기 목숨을 내어놓으셨다. 그 일로 말미암아 우리는 과거의 죄를 완전히 용서받았고, 그 죄의 대가를 지불하지 않아도 된다. 그러나 우리가 지금 저지르는 죄에는 대가가 있다. 우리가 그 죄를 고백하고 회개할 때까지 주님은 우리 기도를 들으시기를 보류하실 것이다. 그런데 이처럼 하나님이 기도를 듣지 않으시는 상황을 우리는 감당해 낼 재간이 없다. 우리는 주님의 응답이 절대적으로 필요한 사람들이기 때문이다.

누구에게든 혐의를 둔 모습은 하나님께만 아니라 다른 사람에게도 좋지 않은 모양새일 수밖에 없다. 사람들이 당신 속에 있는 쓰디쓴 마음을 볼 것이기 때문이다. 마음의 구체적인 내용은 볼 수 없다 해도 원한을 품은 마음을 숨기기란 어렵다. 타인에게 품은 원한을 인생길 내내 짊어지고 가기에는 그 짐이 너무 무겁다. 하나님께 짐을 풀어놓고 그분이 처리하시도록 맡겨 드려라.

주님, 제가 용서해야 할 모든 사람을 제게 알려 주소서. 이미 용서했다고 생각했지만 아직까지 혐의를 둔 사람이 있다면 깨닫게 하여 주소서. 용서하지 못하는 마음을 뼈 속 깊이 숨겨놨더라도 결국에는 밖으로 드러나게 될 줄을 압니다. 주님께서 저를 용서하신 것같이 저도 그리하기를 원합니다(골 3:13). "뒤에 있는 것"을 잊어버릴 때까지는 주님께서 제게 베푸시려는 축복의 향연 속으로 들어갈 수 없음을 압니다(빌 3:13). 용서하지 않는 마음을 주님께 내려놓음으로, 가슴 벅찬 인생을 다시 살 수 있기를 원합니다.

한편 제게 원한을 품은 사람이 있다면 그 사람 또한 제게 알려 주셔서 적절한 언행으로 그에게 용서를 구할 수 있기를 기도합니다. 무엇보다 주님의 길을 걷기 원합니다. 항상 용서하신 그 길을 걷게 하옵소서. 예수님의 이름으로 기도합니다. 아멘.

남편이 하나님 아버지를 알아야 할 때

내 부모는 나를 버렸으나 여호와는 나를 영접하시리이다 _ 시 27:10

모든 아들에게는 아빠가 필요하다. 아빠라는 존재는 아들을 남자로 성장시키는 데 큰 역할을 한다. 그래서 너무 어린 시절에 아빠를 잃었거나 자애롭고 강한 아버지상을 모르고 자란 대개의 남자들은 성인이 되면 그 빈자리를 절감한다. 또한 아빠가 있더라도 아빠가 제구실을 못한 가정에서 자란 아이들에게도 심심치 않게 문제가 발생한다. 가령 아빠가 지나치게 이기적인 사람이거나 아이에게 무관심하거나 일중독이나 알코올 중독이거나 마약이나 도박에 빠진 사람이었다면, 아빠가 없이 자란 것과 크게 다를 바가 없다. 이런 가정에서 자란 아이들은 대개 청소년기에 마음속에 큰 구멍이 생긴다. 그리고 이 구멍은 하나님 아버지를 알 때에야 비로소 메워진다.

어떤 이유로든 남편과 아버지와의 관계가 결핍됐거나 상처로 얼룩져 있다면, 그가 하나님 아버지의 사랑을 알게 하실 것을 기도하라. 그 마음속의 공허함을 채우시고 상처들을 치료하실 것을 기도하라. 하나님 아버지는 그를 결코 버리지도, 무시하지도, 거부하지도 않으심을 알게 해 주시라고 기도하라. 그분은 남편을 위한 시간을 항상 마련해 두고 그에게 예비하신 모든 것을 부어주실 분이시니 믿고 간구하라.

당신의 남편은 육신의 아버지로부터 물려받은 것과는 비교조차 할 수 없는 막대한 유산의 상속자이다. 바로 영원한 생명과 풍성한 인생이라는 유산을 맡아 두었다. 남편을 위한 아내의 기도로 결혼 생활이 나아짐은 물론이요, 때로는 남편의 인생을 완전히 바꾸기도 한다.

주님, 주님이 저희의 아버지가 되어 주심을 감사합니다(고후 6:18). 남편이 주님을 자신의 하늘 아버지로 가까이 알 수 있기를 기도합니다. 육신의 아버지와의 관계에서 부족한 것이 무엇이었든 간에, 주님이 그 상황을 구속하시고 필요한 것들을 공급해 주소서. 결핍된 관계에서 비롯된 상처들을 치료하시고, 그가 배우지 못한 남자의 자질들을 가르쳐 주옵소서. 어린 시절의 아픈 기억에 대해 육신의 아버지를 용서하게 하시고, 그 기억들로 인해 하늘 아버지를 원망하지 않게 하옵소서.

저를 위해서도 같은 기도를 드립니다. 제 친정 아빠가 아버지다운 모습을 보여 주지 못했고, 그 때문에 제가 남편의 모습을 유독 판단하고 원망한다면 이 마음을 주님께 내려놓습니다. 저를 용서해 주시고 예전에 미처 몰랐던 깊이와 너비로 주님을 더 가까이 알 수 있게 하옵소서. 남편이 육신의 아버지의 연약함과 불완전함을 하늘 아버지께 투영시키고 있다면 그 아버지의 허물로부터 그가 자유할 수 있게 도우소서. 예수님의 이름으로 기도합니다. 아멘

우리가 선을 이루실 하나님을 신뢰해야 할 때

우리가 알거니와 하나님을 사랑하는 자 곧 그의 뜻대로 부르심을 입은 자들에게는
모든 것이 합력하여 선을 이루느니라 _ 롬 8:28

살다 보면 어떻게 극복하고 돌파하고 이겨 내야 할지를 좀처럼 알 수 없는 암담한 순간들이 있다. 이 순간에는 주님을 붙들고 그분의 말씀을 주장해야 한다. 주님은 그분을 사랑하고 그분의 목적에 따라 부르심을 입은 자들에게 모든 것이 합력하여 선을 이룬다고 말씀하신다. 하지만 전제 조건이 있다. 위 성경말씀의 이전 구절들을 보면 기도와 간구에 관한 내용이 나와 있다. 즉 하나님은 우리가 기도할 때 강력하게 역사하신다는 것이다.

그러므로 극복하기 힘든 문제가 생겼을 때, 경제적인 파탄이나 가족의 죽음, 자녀 문제나 건강 문제 등 상상하기조차 끔찍한 일이 생겼다 해도, 체념하지 말고 그 가운데 역사하시는 하나님을 모셔 들여라. 전혀 희망이 없는 것 같다 해도 쉬지 말고 기도하라. 미래를 다스리시는 하나님을 신뢰하고 인생의 모든 면에서 선하게 역사하실 그분께 감사하라.

한편 이토록 심각한 문제가 없다면 현재의 행복에 대해 주님께 감사하라. 불가능한 것의 하나님이심을 감사하라. 장차 끔찍한 재앙이 기다리고 있다 해도 그분이 모든 것을 들어 선하게 역사하실 것을 신뢰하라.

기도를 통해 그분과 항상 가까이 있어라. 그리고 남편 역시 그분과 가까이 동행할 수 있기를 기도하라.

주님, 주님께서 모든 것을 합력하여 선을 이루심에 감사드립니다. 지금 일어나고 있는 이 엄청난 상황이 주님께는 어려운 일이 아님을 압니다. 저희는 이 문제의 돌파구를 모르지만 주님은 아십니다. 저희에게는 이 상황이 비극이지만 주님은 이 상황에서조차 선한 것을 이끌어 내시는 분입니다. 저희는 이 상황 가운데 어떻게 선한 것이 나올까를 상상하는 것조차 어렵지만, 저희 부부는 주님이 베푸시는 기적의 권능을 신뢰합니다.

상실이 있는 곳에 회복을 베푸소서. 모든 지각에 뛰어난 평강을 저희에게 주옵소서. 낙심과 두려움에 사로잡히는 대신, 기도하게 하옵소서. 모든 문제 가운데 교훈을 얻게 하시고, 역경에 처한 다른 이들에게 도움의 손길을 펼 수 있게 하소서. 무엇보다 세찬 비바람이 휘몰아치는 이 폭풍의 한복판에서, 주님을 신뢰하고 말씀을 의지하는 굳센 믿음을 주옵소서. 저희가 기도할 때 주님은 밝은 내일을 주실 것을 믿습니다. 예수님의 이름으로 기도합니다. 아멘

내가 온유한 심령을 가져야 할 때

> 너희의 단장은 머리를 꾸미고 금을 차고 아름다운 옷을 입는 외모로 하지 말고 오직 마음에 숨은 사람을 온유하고 안정한 심령의 썩지 아니할 것으로 하라 이는 하나님 앞에 값진 것이니라 _ 벧전 3:3-4

자신을 관리하고 남편에게 매력적으로 보이고자 지속적으로 노력하는 것은 좋은 일이다. 하지만 피부와 머리 모양과 옷에는 열심히 공을 들이면서 내면 관리를 소홀히 해서는 안 된다. 내면이야말로 썩지 않는 아름다움이 자라는 곳이기 때문이다. 성경은 온유하고 안정한 심령의 아름다움은 썩지 아니하며 하나님 앞에 값진 것이라고 기록한다.

다만 온유한 심령을 갖는다는 것이 속삭이며 말하는 태도 등을 가리키는 것은 아니다. 온유한 심령은 당신의 됨됨이를 가리키는 것으로, 조용하고 평안한 영은 소란스럽거나 야단스럽지 않다는 뜻이다. 또한 안정된 영을 가졌다는 말은 오만하거나 불쾌한 행위를 하지 않고 무례하게 굴지 않겠다는 뜻이다. 본성이 경건할 뿐 아니라 주변 사람을 사랑하고 존중한다는 의미다. 마음속에 있는 것들은 얼굴에 드러나기 마련이다. 당신 안에 있는 부드러움과 평안함의 매력은 겉으로도 여실히 나타난다. 그리고 이 매력은 남편은 물론 다른 사람에게도 호감을 준다.

그러니 당신 안에 있는 주님의 영이 당신의 됨됨이에 있어서 가장 큰 비중을 차지할 수 있기를 기도하라. 당신이 그분의 아름다움을 투영할 수 있기를 위해 기도하라. 그분의 아름다움은 그 어떤 치장이나 단장과도 비교할 수 없다. 당신 안에 있는 주님의 온유하고 안정적인 영은 당신을 그 누구보다도 더욱 매력적인 사람으로 돋보이게 해 줄 것이다.

주님, 주님이 값지게 보시는 온유하고 안정된 심령을 가질 수 있기를 위해 기도합니다. 주님이 바라시는 사람이 되기 위해 필요한 것들을 하게 하옵시고, 남편에게 매력적인 사람이 되기 위해 필요한 것들 또한 알려 주옵소서. 그러나 무엇보다도, 썩지 않는 진정한 아름다움의 근원이 어디에서 비롯됐는지를 항상 기억하고 이해하게 하소서. 남편을 포함한 다른 사람들이 제 안에 투영되는 주님의 아름다움을 발견할 수 있기를 기도합니다. 제가 그들을 언짢게 하거나 함께 있기를 주저하게 만드는 사람이 되지 않게 하옵소서. 또한 저 자신을 추악하게 만드는 사람들과는 어울리지 않게 하옵소서.

제 안에 거하시는 주의 영이 그 아름다움을 발산하시길 기도합니다. 저는 늘 외모를 가꾸고 더 예뻐지기를 바라지만, 주님의 영의 아름다움이 육신의 그 어떤 치장보다도 저를 더욱 아름답게 하심을 압니다. 주의 영을 제 외면과 내면에 부으셔서 제 겉모습이 분노와 염려와 슬픔이 아닌 만족과 평안과 행복을 드러내게 하옵소서. 예수님의 이름으로 기도합니다. 아멘

남편이 가족을 부양해야 할 때

누구든지 자기 친족 특히 자기 가족을 돌보지 아니하면 믿음을 배반한 자요 불신자보다 더 악한 자니라 _ 딤전 5:8

가족을 사랑하는 보통의 남편이자 아빠라면 누구나 자기 가족의 필요를 넉넉히 공급하기 원한다. 가족을 사랑하는 보통의 아내이자 엄마도 마찬가지다. 성경은 자기 가족을 돌보지 않는 남자는 불신자보다 악한 자라고 단호하게 질책한다. 단, 남편이 다니던 회사의 재정이 어려워져 직장을 그만두게 되었거나 가정에 재정적인 위기가 찾아왔다고 해서 그가 믿음을 저버렸다는 얘기는 아니다. 이 말씀의 의미는 남편이 가족을 부양하는 데 별 관심이 없고 가족의 필요에 무심하며 자기 자신을 위해서는 지갑을 열지만 아내와 자녀에게는 인색하다면 그가 주님을 따를 리 만무하다는 뜻이다.

하나님은 남편이 훌륭한 부양자가 되기 위해 열심히 일할 것을 기대하시고 열심히 일하는 사람의 일이 번창하도록 축복하신다. 그러나 번창의 축복이 어느 날 하늘에서 뚝 떨어지는 것은 아니다. 이 축복을 받으려면 반드시 기도해야 한다. 성경은 "너희가 얻지 못함은 구하지 아니함이요"라고 기록한다(약 4:2). 또한 남편이 구하지 않는다 해도 아내가 그를 대신해 구할 수 있다. 그러니 남편이 하는 모든 일에서 그가 주님을 따르게 해 주실 것을 기도하라.

　남편이 현재 소득이 없는 상태라면 그를 다시 세워 주실 것을 기도하라. 또 가능하다면 아내인 당신도 부양의 역할에 일조할 수 있기를 기도하라. 아무리 힘들어도 기도를 멈추지 말라. 남편을 위한 아내의 기도는 상상을 초월하는 힘을 발휘한다.

　주님, 남편이 능히 가족을 부양할 수 있기를 기도합니다. 그에게 가정의 경제적인 필요를 넉넉히 채울 수 있는 능력을 갖게 하여 주소서. 그가 원하는 분야에 일자리가 없다면, 다른 방면으로 시선을 돌려 새로운 기회의 문을 발견하게 하소서. 그에게 주신 재능을 잘 활용할 수 있도록 도우시고, 자신의 재능인지 몰랐던 은사가 있다면 그것을 잘 개발할 수 있도록 도와주소서.

　주님이 가족을 부양할 능력은 주시지 않은 채로 책임만 주셨을 리가 없음을 압니다. 그가 자신의 무능력으로 방황하고 있다면 능력과 기회를 주시는 주님을 바라볼 수 있게 하소서. 경쟁력을 갖추고 기회를 찾는 일에 무심하지도 소홀하지도 않게 하여 주옵소서. 만약 제가 남편보다 더 많은 월급을 받는 안정적인 일을 하고 있다면, 이 점이 그에게 불안감을 갖게 하는 요인이 아니라 감사하게 하는 요인이 되게 하여 주소서. 저희 부부가 서로를 돕는 한 팀임을 항상 기억하게 하여 주옵소서. 예수님의 이름으로 기도합니다. 아멘

우리가 자기주장에 갇혔을 때

노엽게 한 형제와 화목하기가 견고한 성을 취하기보다 어려운즉
이러한 다툼은 산성 문빗장 같으니라 _ 잠 18:19

다툼을 일삼는 사람에게는 언쟁을 벌이거나 싸우려는 기질이 있다. 이 기질은 관계를 어렵게 한다. 특히 용서하지 않고 잊으려 하지 않고 문제를 쌓아 두는 사람들 간의 다툼은 큰 화를 부른다. 부부 관계에서도 마찬가지다. 서로를 화나게 하는 언행이 잦으면 잦을수록 다툼이 잦게 되고 결국에는 서로가 서로를 가두게 된다. 다툼은 서로를 가두는 산성의 문빗장이다. 그리고 이 빗장이 잠길 때 구경만 해서는 곤란하다.

남편이든 아내든 고립과 단절이라는 춥고 어두운 복도를 배회하고 싶지는 않을 것이다. 부부에게는 사랑과 연민과 이해라는 따뜻함과 포근함이 필요하다.

부부간에 다투는 일이 적다면 앞으로도 그럴 수 있기를 위해 기도하라. 하나님께 서로를 공격하는 일이 없게 해 달라고 기도하라. 한 번 다툰 후에 그 일이 소재거리가 되어 또 다른 다툼으로 이어지지 않게 해 주실 것을 기도하라. 연속적인 다툼은 연이어 빗장을 채우는 것과 같다. 문제는 이 빗장들은 외부의 도움 없이는 결코 풀어지지 않는다는 데 있다. 부부 관계에서 일어나는 모든 일들은 서로를 세우고 자유롭게 하는

것이어야지 서로를 무너뜨리고 가두는 일이 되어서는 안 된다. 그러니 기도하고 주의 뜻을 구하라. 그러면 당신 안에 거하시는 성령님이 서로를 세우고 자유롭게 하는 일을 도우실 것이다.

주님, 다투는 영이 저희 부부 안에 넘실대지 않기를 기도합니다. 서로를 화나게 하거나 상처 주는 일이 없게 하여 주옵소서. 지나치게 민감해서 상대방의 부주의한 말이나 행동을 사사건건 트집 잡지 않게 하여 주시고, 다툼의 영이 자리 잡는 것을 거부하게 하여 주옵소서.

결혼이라는 산성 문에 다툼의 빗장을 걸어둔 채 제각각 다른 곳에 갇혀 있었다면, 이 빗장을 풀게 하시고 다시 문을 걸어 잠그는 일이 없게 하여 주소서. "다투는 여인과 함께 큰 집에서 사는 것보다 움막에서 혼자 사는 것이 나으니라"라는 주님의 말씀을 기억합니다(잠 21:9). 제가 결코 남편이 피하고 싶은 사람이 되지 않게 하여 주소서. 주님이 저희 관계를 보시는 시각대로 저희도 서로를 대할 수 있게 하여 주옵소서. 주님의 방법에는 용서와 자유와 즉각적인 망각이 있음을 압니다. 주님께는 어려운 일이 없어서, 산성문의 빗장을 부수는 것도 쉬운 일임에 감사합니다. 예수님의 이름으로 기도합니다. 아멘

내가 현숙한 아내가 되기 원할 때

누가 현숙한 여인을 찾아 얻겠느냐 그 값은 진주보다 더 하니라 그런 자의 남편의 마음은 그를 믿나니 산업이 핍절치 아니하겠으며 그런 자는 살아 있는 동안에 그 남편에게 선을 행하고 악을 행치 아니하느니라 _ 잠 31:10-12

여자라면 누구나 성경에 나오는 현숙한 여인처럼 되고 싶을 것이다. 하지만 혼자만의 노력으로는 현숙한 여인이 될 수 없다. 이 과정에는 성령님의 도우심이 반드시 필요하다. '현숙함'이라는 단어는 도덕적으로 훌륭한 삶을 산다는 뜻이 있다. 그런데 우리의 허물을 덮으시는 예수님의 의로움 없이 어떻게 도덕적으로 훌륭한 삶을 살 수 있겠는가? 오직 주님의 의의 옷을 입고 그분의 아름다움과 성령님의 지혜를 덧입을 때만이 현숙한 삶의 초석이 세워진다.

주님 안에 이 기초를 일단 세우기만 하면, 그분을 찾고 의지할 때, 주님이 당신을 현숙한 여인으로 삼아 주실 것이다. 즉, 가정을 성공적으로 경영하도록 도우시고, 재정 문제에 지혜롭게 하신다. 또한 아무 일도 하지 않고 시간을 낭비하는 일이 없도록 유능한 재능을 개발하게 도우시며 신체적인 아름다움에 연연해하지 않도록 도우실 것이다. 물론 외모를 가꾸는 것도 소홀히 해서는 안 된다. 다만 당신 안에는 이미 성령님의 아름다움이 깃들어 있으니 겉모습이 어떻게 비쳐질지에 연연해 할 필요가 없다는 뜻이다.

한편 현숙한 여인에 관한 내용이 잠언 31장의 후반부에 언급되어 있으니 때마다 이 구절을 읽기를 권한다. "현숙한 여인"은 지루하고 따분한 삶을 사는 것이 아니라 역동적이고 충만한 삶을 산다. 당신 안에 계신 성령님의 능력으로 이 삶이 가능하다.

주님, 주님이 말씀하신 현숙한 여인이 되기를 기도합니다(잠 31:10-31). 믿을 만한 사람이 되게 하여 주시고, 저희 가정의 "산업이 핍절"치 않게 하여 주옵소서. 금전 문제에서 지혜롭게 하시고 가족을 부양하는 데도 도움이 되게 하옵소서. 또한 어려운 이웃에게 물질적인 도움을 줄 수 있게 하시고 저희의 미래를 준비하는 데도 게으르지 않게 하소서.

제가 남편에게 축복이 되게 하시고 그가 주위의 좋은 평판을 듣는 데에도 일조할 수 있게 하여 주소서. 무엇보다, 제가 주님을 경외하기 때문에 남편이 제 안에서 주님의 아름다움을 볼 수 있게 하여 주소서. 제가 하는 모든 일을 축복해 주시고, 제 손의 열매로 인해 남편이 저를 존중하고 자랑스럽게 여길 수 있기를 기도합니다.

주님이 베푸시는 기적 없이는 그 어떤 것도 가능하지 않음을 압니다. 부디 남편과 가정과 자녀와 이웃을 위해 그리고 제 자신을 위해 날마다 선을 행할 수 있도록 도우시옵소서. 예수님의 이름으로 기도합니다. 아멘

남편이 적절한 말을 해야 할 때

유순한 대답은 분노를 쉬게 하여도 과격한 말은 노를 격동하느니라 지혜 있는 자의 혀는 지식을 선히 베풀고 미련한 자의 입은 미련한 것을 쏟느니라 _ 잠 15:1-2

과격한 말 때문에 상처받기가 얼마나 쉬운가? 무심하고 경솔한 말로 인해 당신은 얼마나 많은 상처를 입었는가? 부부가 서로에게 내뱉은 적절하지 못한 말로 인해 상처나 불안감이 가정을 휘몰아친 것이 어디 한두 번인가? 만약 남편이 과격한 말 대신에 유순한 대답을 하였더라면, 아내가 거부하는 말 대신에 수용하는 말을 하였더라면 부부 관계가 얼마나 더 나아졌을까?

이 질문에 동감한다면, 당신의 말이 지혜로운 말이 되고 어리석은 말이 되지 않기를 위해 기도하라. 특히 남편에게 하는 말이 지혜롭기를 위해 기도하라. 또한 남편이 상처 주는 말을 서슴지 않고 내뱉는다면, 그가 과격한 말로 결혼의 기초를 허무는 사람이 되지 않게 해 주실 것을 기도하라. 그에게 부드러운 마음을 주심으로 관계를 허무는 말이 아니라 세우는 말을 하게 해 주실 것을 위해 기도하라.

더불어 남편의 과격한 말에 대한 당신의 첫 반응이 그보다 더 거친 말을 내뱉는 것이 아니라 분노를 쉬게 하는 유순한 대답이 되게 해 주실 것을 기도하라. 오직 성령님만이 그렇게 인도하실 수 있다. 이런 일은 하나님의 임재 가운데서 그분의 사랑으로 휘감겨 있을 때에만 가능하다. 남편의 마음 역시 이같이 부드러워질 수 있기를 기도하라. 그리고 언제나 적절한 말을 선택할 수 있기를 기도하라.

　주님, 오늘 주의 영으로 남편의 마음을 새롭게 하시기를 기도합니다. 그가 너그럽고 친절하게 말하기를 기도합니다. 저희는 모두 과격하고 무신경하고 둔감하고 상처 주는 말을 할 수 있는 잠재력을 가진 사람입니다. 부디 결혼의 기초를 허무는 말을 하게 하는 원인을 성령님의 권능의 불길로 태워 주옵소서. 저희의 이기심과 옹졸함과 무정함과 경솔함을 없애 주시고 주님의 사랑과 화평과 희락으로 채워 주소서. 그리하여 이 성품이 저희의 말 가운데 녹아 나오게 하옵소서.
　저희 부부가 생명과 소망과 밝은 미래에 관한 말들을 나눌 수 있게 하옵소서. 자신을 방어하는 데 급급하지 않게 하시고 먼저 상대방을 생각할 수 있게 도와주소서. 잘못 뱉은 말을 사과해야 한다면 기꺼이 그리하도록 이끄소서. 남편이 부정적인 말을 서슴지 않고 내뱉는다면 그의 언어를 긍정의 말로 바꿔주시되 설혹 이 습관을 버리지 못한다 해도 제 기억 속에 지워지지 않는 과격한 말들을 지우셔서 제 기억이 악한 것이 아닌 선한 것으로 채워지게 하옵소서. 예수님의 이름으로 기도합니다. 아멘

우리가 굳게 서야 할 때

회오리바람이 지나가면 악인은 없어져도 의인은 영원한 기초 같으니라 _잠 10:25

우리가 주님과 동행하고 그분의 뜻대로 살면서 그분께 의지하고 그분만을 예배하면, 우리는 견고하게 우뚝 선 채로 결코 넘어지지 않는다. 인생에 어떤 회오리바람이 몰아쳐도 말이다. 사도 바울은 "깨어 믿음에 굳게 서서 남자답게 강건하라"(고전 16:13)고 가르친다. 아울러 하나님께 대해서 들은 것을 유념할 것과(히2:1) 가르침을 받은 모든 것에 "굳건하게 서" 있을 것을 강조하고 있다(살후 2:15). 또한 그는 주의를 기울이지 않을 때 넘어질까 조심하라고 경고했고(고전 10:12), 그리스도께서 주신 자유에 "굳건하게 설" 것과 "종의 멍에를 메지 말" 것을 당부했다(갈 5:1).

이처럼 굳건하게 서 있겠느냐 하는 것은 당신이 결심할 문제다. 굳게 서는 것이 인생에서 그다지 중요한 일이 아니었다면 성경에 이토록 여러 번 언급되지는 않았을 것이다. 인생과 결혼의 성공은 당신 부부가 옳은 것, 즉 주님을 아는 것에 굳건하게 서 있느냐 그렇지 않느냐에 달려 있다. 이때 깨어 주님의 말씀을 읽고 주님의 인도를 구하고 주님의 방법에 순종하는 것이 당신의 할 일이다. 성경은 "의인은 환난에서 벗어"난다고 기록한다(잠 12:13). 그러니 당신 부부가 의로운 삶을 살 수 있도록 도와주실 것을 기도하라.

부부가 하나 된 마음으로 서 있을 것과, 결정을 내릴 때마다 지존자의 뜻을 따라 견고하게 서 있을 수 있기를 위해 기도하라(사 46:10). 무엇보다, 어떤 상황에 처하였든지 아내인 당신이 굳건하게 설 수 있도록 지켜 달라고 기도하라.

주님, 남편과 제가 믿음과 사랑과 평안과 주님의 목적하심 가운데 견고하게 설 수 있도록 도와주소서. 좋을 때나 나쁠 때나 견고한 반석 위에 굳게 서게 하여 주소서. 주님의 방법에 순종하여 사는 사람들은 환난에서 벗어나리라는 주님의 약속에 감사드립니다(잠 12:13). 또한 저희가 주님의 자녀이기 때문에 인생에 회오리바람이 몰아쳐서 다른 사람이 넘어질 때라도 저희는 견고하게 설 수 있음에 감사드립니다(잠 10:25).

항상 주님의 진리에 바로 설 수 있게 하심으로 저희가 흘러 떠내려가지 않게 하옵소서(히 2:1). 주님과 주님의 말씀만을 경외하기를 원하며 세상의 유혹에 현혹되지 않기를 원합니다(시 119:161). 집이 스스로 분쟁하면 그 집이 설 수 없음을 알아서 저희 부부가 한마음으로 연합할 수 있도록 도와주소서(막 3:25). 저희 인생이나 주변에 환난이 있을지라도 두려움과 의심으로 휩쓸려 떠내려가지 않도록 지켜 주소서. 환난을 지날 때 "모든 즐거움을 세어" 볼 수 있게 하옵소서. 주님의 권능을 의지할 때 저희를 환난 가운데서 완전하게 하심을 믿습니다. 예수님의 이름으로 기도합니다. 아멘

내 마음에 분노가 가득할 때

분을 그치고 노를 버리며 불평하지 말라 오히려 악을 만들 뿐이라 _ 시 37:8

누구나 때로는 화날 때가 있다. 그렇다고 해도 분노에 머물 곳을 내어 줘서는 안 된다. 분노는 영혼에 구멍을 내어 그 구멍을 냉소와 원한으로 채우고 본인뿐 아니라 주변 사람들에게까지 독성을 내뿜는다. 상처 부위가 곪아 터져 더욱 심각한 염증이 되듯이 분노를 방치하면 더 큰 악으로 자란다. 실제로 하나님은 밤새 분을 품는 것을 경계하셨다. 성경은 "분을 내어도 죄를 짓지 말며 해가 지도록 분을 품지 말고"(엡 4:26)라고 말씀한다. 다시 말해, 잠들 때까지 화가 난 채로 있어서는 안 된다는 뜻이다. 분노에 마음의 자리를 내어 주는 순간마다 더 큰 화가 올 수 있음을 인지해야 한다. 노를 머무르게 하는 사람은 우매하다(전 7:9).

마음속에 화가 남아 있다면 하나님께 기도하라. 마땅히 화를 낼만한 일일지라도 분노의 기세를 수그러뜨려야 한다. 남편에게 화가 났어도 궁극적인 싸움의 상대는 그가 아님을 기억하라. 남편이 상처 주는 일을 했다 하더라도 그가 당신의 적은 아니다.

한편 남편이 아닌 제3자에게 화가 나 있을 때에라도 분노의 마음은 처리해야 한다. 노염이 얼굴과 성품에 배어나고 결혼에도 부정적인 영향을 미칠 것이기 때문이다. 당신이 노하기를 더디 할 때 당신은 주님과 같이 지혜로운 사람이 된다(시 103:8). 그러니 "모든 분노를 버릴"만큼 당신을 지혜롭게 하여 주시고 분노가 일으키는 파장을 피할 수 있게 해 주실 것을 기도하라.

주님, 제 안에 있는 모든 화를 없애 주시기를 기도합니다. 주님은 어떤 이유에서든 화를 품고 있는 것을 원하시지 않음을 압니다. 주님은 해가 질 때까지 분을 품지 말라고 하셨습니다. 어떤 분노도 곪아서 더 큰 염증으로 커지지 않게 하옵소서. 이 마음을 주님의 손에 내려놓습니다. 주여, 부디 제 마음을 다스려 주옵소서. 저를 보호하시는 주님으로 인해 이 전쟁이 제게 속한 것이 아님을 믿게 하소서.

누구라도 울분한 사람과 동행하고 싶은 사람은 없는 줄로 압니다. 제가 그런 사람이 되지 않게 하옵소서(잠 22:24). 주님의 사랑과 평강과 희락의 씨를 제 마음에 심어 주시고 이 씨를 울창하게 자라게 하옵소서. 주님은 "노가 우매한 자들의 품에 머무르기" 때문에 급한 마음으로 노를 발하지 말라고 말씀하십니다(전 7:9). 이처럼 우매한 사람이 되지 않기를 위해 기도합니다. 또한 주님과 같이 노하기를 더디 할 수 있기를 기도합니다(시 103:8). 노는 육신의 일임을 잘 압니다. 어떤 일에서든지 영을 따라 행할 수 있게 하옵소서(롬 8:4). 예수님의 이름으로 기도합니다. 아멘

남편의 마음에 유혹이 들어올 때

또 간음하지 말라 하였다는 것을 너희가 들었으나 나는 너희에게 이르노니 음욕을 품고 여자를 보는 자마다 마음에 이미 간음하였느니라 만일 네 오른 눈이 너로 실족하게 하거든 빼어 내버리라 네 백체 중 하나가 없어지고 온 몸이 지옥에 던져지지 않는 것이 유익하며 _ 마 5:27-29

음욕의 영은 오늘날의 문화 속에 만연해 있어 굳이 찾아 나서지 않아도 이미 문지방까지 와 있다. 특히 남자는 눈으로 보는 것에 현혹되기 쉽다. 심지어 TV나 영화, 인터넷 사진, 쇼윈도의 디스플레이에도 움직일 수 있는 것이 남자의 마음이다. 물론 마음을 지키기로 결단하는 것은 본인의 몫이다. 추파를 던지는 여자로부터 돌아서는 것은 전적으로 본인의 책임이다.

혹시 당신의 남편에게 성적인 유혹에 따라 행동할 욕구가 전혀 없다 하더라도 음욕이 고개를 드는 즉시 멈춤 표지판을 들 수 있어야 한다. 이때, 아내의 기도는 남편이 음욕적인 생각을 저항할 수 있도록 돕는다. 생각을 즉시 돌이키지 않으면 자칫 이 유혹이 그를 지옥까지 끌고 갈 수 있다. 그러니 어떠한 성적 유혹도 그를 침범하지 못하도록, 사탄의 술책이 결코 성공하지 못하도록 기도하라.

당신의 남편만큼은 안전지대에 있는 것 같다 해도 기도의 끈을 놓아서는 안 된다. 대개의 남자들은 이 부분에서 자신이 경험하는 것을 아내에게 털어놓지 않는다. 그러나 성적 유혹과의 전쟁은 실제적이므로 아내들이 이 전쟁을 무시해서는 안 된다. 부디 주님께 남편을 보호하시고 성적 유혹을 대항할 힘을 주실 것을 기도하라.

주님, 성적 유혹이 남편의 마음에 들어오지 않기를 기도합니다. 주님은 음욕을 품고 여자를 보는 것조차 이미 마음에 간음하였다고 말씀하십니다. 그러므로 성적인 부분에 있어 남편의 마음에 잠입하는 어떠한 사탄의 공격도 즉각 멈춰 주시옵소서. 그가 삶을 파괴하려는 사탄의 계획에 넘어가지 않게 하옵시고, 그에게 분별의 영을 주옵소서.

제게 남편을 세울 수 있는 방법을 알려 주시고, 그의 몸과 마음을 충족하는 데 부족함이 없게 하옵소서. 또 제가 어떤 식으로든 남편을 거부하지 않게 하옵소서. 그를 거부하는 것이 남편뿐 아니라 주님 역시 언짢게 하는 것임을 압니다. 성적인 부분에서 아내인 제가 알아야 할 것들을 알려 주시고, 구체적으로 기도할 수 있게 하옵소서.

사탄의 공격으로부터 저희 부부를 자유하게 하옵소서. 예수님의 이름으로 기도합니다. 아멘

우리가 생명의 면류관을 바랄 때

시험을 참는 자는 복이 있도다 이것에 옳다 인정하심을 받은 후에
주께서 자기를 사랑하는 자들에게 약속하신 생명의 면류관을 얻을 것임이니라 _ 약 1:12

하나님은 우리가 모든 시험을 참을 때 "생명의 면류관"을 주신다고 말씀하셨다. 이 말씀은 시험을 참는 것이 삶의 방식이 되어야 한다는 의미를 담고 있다. 실제로, 요즘 시대에 시험을 피할 만한 곳을 찾기란 쉬운 일이 아니다. 보지 말아야 할 것들을 보게 하고, 해서는 안 될 일을 하게 하는 시험이 이 사회에는 허다하게 널려 있다. 이뿐만이 아니다. 우리에게는 우리를 파괴하려고 혈안이 된 영혼의 대적이 있다. 게다가 하나님과 그분의 방법을 떠나고 싶어 하는 우리 자신의 욕구도 있다. 이처럼 시험이 넘쳐 나는 세상과, 끊임없이 우리를 넘어뜨리려는 사탄과, 연약하기만 한 우리의 육신을 생각하노라면, 기도의 끈을 늦출 여유가 없다.

누구에게나 유독 취약한 영역이 있다. 그러나 그리스도인인 우리는 주님 안에 요새를 구축함으로 능히 이 시험에 대적할 수 있다. 시험을 견디면 주님의 축복과 장수를 보상으로 받는다. 궁극적으로는 영생을 사는 생명의 면류관을 얻는다. 이보다 더 큰 보상이 있겠는가?

주님이 당신 부부를 위해 예비하신 모든 것을 받기 원한다면 그분이

미워하는 것을 말하게 하고 생각하게 하고 행동하게 하는 모든 시험에 저항하게 해 주시라고 기도하라. 그분의 최선으로부터 멀어지게 하는 시험의 영역을 구체적으로 아뢰라. 삶에 전혀 유익이 안 되는 것들을 쫓게 하는 어리석은 욕구를 버릴 수 있도록, 그리고 주님을 영화롭게 하는 욕구를 가질 수 있도록 기도하라.

주님, 저희 부부에게서 모든 사악한 욕망을 제거하시고 도리어 그 욕망들을 대적할 수 있도록 도와주소서. 우리 영혼의 원수는 주님의 법을 위반하게 하는 시험을 도처에 깔아놓고 우리를 무너뜨리려고 안간힘을 쓰고 있습니다. 그러니 주님의 보호막이 저희를 겹겹이 감싸 주심으로 어떠한 유혹도 저희의 마음과 생각과 영혼을 침범하지 못하게 하옵소서.

또한 장차 위협이 될 만한 유혹의 영역을 밝히 보여 주시기를 기도합니다. 눈을 들어 주님을 바라봄으로써 분별력을 갖게 하옵소서. 어떤 상황에서든지 주님의 진리를 볼 수 있도록 도우시고 부지불식간에 덫에 빠지는 일이 없도록 하여 주소서. 저나 남편이 이미 시험에 빠졌다면 이것을 주님 앞에 고백하고 회개하고 용서받고 자유함 얻기를 기도합니다. 그리고 시험을 이길 때 주님께서 "생명의 면류관"을 주심을 알아서, 날마다 순간마다 그 면류관 받기를 힘쓰게 하옵소서. 예수님의 이름으로 기도합니다. 아멘

나를 통해 주의 사랑이 전해져야 할 때

사랑하는 자들아 우리가 서로 사랑하자 사랑은 하나님께 속한 것이니 사랑하는 자마다 하나님께로 나서 하나님을 알고 사랑하지 아니하는 자는 하나님을 알지 못하나니 이는 하나님은 사랑이심이라 _ 요일 4:7-8

"첫눈에 반해 사랑에 빠졌다"고 고백한 사람 중에 도리어 이혼하는 경우가 많다. 진정한 사랑은 상황에 따라 빠졌다가 나왔다가 하는 그런 감정이 아니기 때문이다. 사랑의 감정에 빠질 수는 있지만 헌신이 이뤄지지 않는 사랑은 진정한 사랑이 아니다.

결혼을 결혼답게 하는 사랑은 하나님만이 유지하신다. 그러나 우리에게도 해야 할 역할이 있다. 즉, 우리는 사랑을 유지하고 더 깊게 키워 가기 위해 노력해야 한다. 이 노력을 가능하게 하는 것이 하나님의 사랑과 기도다. 아무리 금슬 좋은 잉꼬부부라 하더라도 배우자에 대한 사랑을 느끼지 못할 때가 있다. 당신도 예외일 수는 없다. 지금 당신의 상황이 이렇다면 사랑을 표현하기 위해 노력해야 한다. 그러나 보다 근본적으로는 사랑하기로 헌신하고 스스로의 힘으로 할 수 있는 것 이상을 주님께 간구해야 한다. 하나님의 사랑은 위대하고 조건이 없고 한결같다. 그분의 사랑은 우리의 사랑이 다했을 때 우리의 결혼을 하나로 묶으신다.

그리스도인은 배우자를 언제나 사랑할 수 있는 독특한 강점을 지닌 사람들이다. 우리는 사랑의 하나님께로부터 났고, 우리 안엔 사랑의 성령님이 거하시기 때문이다. 하나님의 무조건적이고 한결같은 사랑은 우리의 연약하고 변덕스러운 사랑, 즉 달면 삼키고 쓰면 뱉는 사랑에 우선한다. 그분의 사랑은 당신이 그분과 동행할 때 당신 안에서 날마다 새로워진다. 그분은 당신이 가지고 있지 않은 사랑도 샘솟게 하실 수 있다.

주님, 주님의 한결같고 무조건적인 사랑으로 저를 채워 주시길 기도합니다. 주님의 사랑으로 저를 새롭게 하시고, 남편을 비롯한 주변 사람들에게 그 사랑을 흘려보낼 수 있게 하옵소서. 저희의 사랑은 약하고 깨지기 쉽고 변덕스럽기 그지없습니다. 감정과 환경과 기분에 좌우되는 이 사랑으로는 성공적인 결혼을 유지할 수 없습니다.

오직 주님의 사랑만이 요동하지 않으며 실수와 허물을 용서하십니다. 서로에 대한 사랑을 깊게 하는 사랑은 주님의 사랑뿐입니다. 남편을 사랑하지 못했던 순간들과, 그에게 차갑고 냉랭한 마음을 전달했음을 또한 고백합니다. 주님과 남편을 언짢게 했다면 용서하여 주옵소서. 남편을 다시 사랑하게 하시되 그가 알아챌 수 있는 방법으로 사랑하게 하옵소서. 제가 사랑받는 데 급급하지 않게 하시고 남편을 향한 주님의 사랑을 전달하는 통로가 되게 하여 주소서. 그럴 수 있기 위해서, 주님의 사랑이 항상 제 안에 가득하기를 기도합니다. 예수님의 이름으로 기도합니다. 아멘

남편이 치료되어야 할 때

너희 중에 고난당하는 자가 있느냐 저는 기도할 것이요…너희 중에 병든 자가 있느냐 저는 교회의 장로들을 청할 것이요 그들은 주의 이름으로 기름을 바르며 위하여 기도할지니라 믿음의 기도는 병든 자를 구원하리니 주께서 저를 일으키시리라 _ 약 5:13-15

가족 중에 아픈 사람이 있다는 것은 몹시 속상한 일이다. 하물며 가족을 부양하는 가장이 아프면 아내의 마음은 더욱 무거워진다. 특히 병이 심각한 경우엔 아내의 마음고생이 말할 수 없이 크다. 이때는 병의 치유를 위해서와 남편을 위해 그와 함께 반드시 기도해야 한다. 그가 불신자라 해도 말이다.

하나님은 당신을 "치료하시는 하나님"이라는 뜻을 가진 여호와 라파라고 지칭하셨다. 요컨대 치유는 하나님의 본성이다. 이러므로 우리는 주님의 임재 안에서 치료될 수 있다. 그분은 "네 모든 병을 고치시는" 주님이시며(시 103:3), "채찍에 맞으므로 우리가 나음을 받게" 하시는 구주이시고(사 53:5), "공의로운 해"이시며 "치료의 광선"을 비추시는 분이시다(말 4:2). 또한 "어제나 오늘이나 영원토록 동일하신" 분이시다(히 13:8). 그분은 한때 치유자였던 것이 아니라 지금도 치유자이시다. 예수님이 육신을 입고 오셨던 그때에 살았더라면 나았을 것이라고 푸념할 이유가 없다. 그가 채찍에 맞음으로 너희가 나음을 입었다는 것이 진실이기 때문이다(벧전 2:24).

다만 기도할 때 아무 일이 일어나지 않는다고 해서 포기해서는 안 된다. 어떤 사람은 치유되는데 다른 사람은 그렇지 않은 것에 대해서는 하나님이 알아서 하실 일이다. 그분의 응답의 결과가 무엇이든, 우리는 변함없이 그분을 신뢰해야 한다. 기도는 하나님께 그분이 해야 할 일을 일러 드리는 수단이 아니다. 우리의 바람을 그분께 아뢰고 그분의 뜻대로 응답하실 것을 신뢰하는 것이다.

우리를 치유하시는 여호와께 감사드립니다(출 15:26). 여호와 라파이신 주여, 남편을 주님의 치료의 권능으로 회복시켜 주시기를 기도합니다. 그의 질병이 자신을 제대로 관리하지 못해 생긴 것인지, 주님의 뜻대로 살지 않아 생긴 것인지를 분별할 수 있게 하여 주소서. 만약 후자라면 그로 이 사실을 깨닫게 하시고 자신의 삶의 궤도를 수정할 수 있게 하여 주소서. 그에게 지혜와 지식과 통찰력을 주시어서 자신의 몸을 적절한 방법으로 관리하게 하소서.

또한 필요하다면 유능한 의사의 진료를 받게 하시고 정확한 진단과 처방을 내려 주옵소서. 저희의 생명이 주님의 손에 있음을 압니다. 채찍에 맞음으로 저희에게 나음을 주신 주님이 남편을 치료하여 주심을 감사드립니다. 남편이 그를 치료하실 주님의 능력과 주님의 약속을 믿게 하여 주옵소서. 예수님의 이름으로 기도합니다. 아멘

우리가 한마음이 되어야 할 때

그러므로 그리스도 안에 무슨 권면이나 사랑의 무슨 위로나 성령의 무슨 교제나 긍휼이나 자비가 있거든 마음을 같이하여 같은 사랑을 가지고 뜻을 합하며 한마음을 품어 _ 빌 2:1-2

　남편과 아내가 각기 직장일이 바쁘고 서로 다른 취미 활동과 사회 활동에 참여하다 보면, 따로 있는 시간이 길어지면서 결국 부부 사이가 멀어질 수 있다. 신혼 때는 이런 일이 절대 없을 것 같지만, 실제로는 알아차리지 못하는 사이에 틈이 벌어진다. 그래서 훗날 이혼 사유를 묻는 질문에 "우리는 그저 따로 있는 일들이 많았어요"라고 대답하는 경우가 허다하다. 그러나 이래서는 안 된다. 부부는 떨어져 지낼 운명을 가진 사람들이 아니다. 특히 부부간에 풀리지 않은 문제가 있을 때는 사이가 더욱 멀어질 수 있다. 그러다 어느 순간 항상 서로 반대편에 있었던 것처럼 느껴지는 것이다. 이 정도면 소통 단절을 위한 완벽한 무대가 마련된 셈이다.

　부부는 그들이 항상 한 팀이며 서로 경쟁 관계에 있지 않음을 늘 인식해야 한다. 더불어, 궁극적으로 같은 목적을 가지고 같은 방향으로 걸어가야 한다. 여러 일들을 함께 처리할 수 있어야 하고, "같은 마음과 같은 뜻으로 온전히 합해야" 한다(고전 1:10). 여기서 같은 마음과 같은 뜻으로 합한다는 말은 그리스도의 마음을 가져야 한다는 의미다. 문제는 그리스도의 마음이 거져 가져지지 않는다는 데 있다.

그리스도의 마음을 가지려면 우선 예수님을 영접하고 그분의 마음이 당신 안에 거할 수 있기를 선택해야 한다(빌 2:5). 그렇다면 그리스도의 마음을 갖지 않기로도 선택할 수 있다는 뜻이겠다. 그러나 당신과 남편이 같은 마음이 되려거든, 반드시 그리스도의 마음과 하나님의 사랑을 갖기로 선택해야 한다.

주님, 남편과 제가 날마다 더욱 한 사람이 되게 하시고 두 사람이 되지 않게 하옵소서. 부부 관계를 단절시키고 이간질하는 세력을 볼 수 있게 하옵소서. 저희가 각자의 길로 갔거든, 저희를 다시 같은 길로 인도하여 주옵소서. 이처럼 늘 같은 마음을 품게 하심으로 부부 관계를 훼방하는 어떤 것도 수용하지 않게 하옵소서.

저희가 중요한 문제에 합의하지 못한 상태라면, 주님 안에서 저희의 공통분모를 찾게 하여 주시고 저희의 방법이 아니라 주님의 방법을 선택할 수 있도록 이끌어 주소서. 또한 "마음을 같이하여 같은 사랑을 가지고 뜻을 합하며 한마음을 품어" 주님께 기쁨을 드리게 하여 주옵소서(빌 2:2). "인내와 위로의 하나님"이 "그리스도 예수를 본받아 서로 뜻이 같게 하여 주사" 저희가 "한마음과 한 입으로" 우리 주 예수 그리스도께 영광을 돌릴 수 있기를 원합니다. 예수님의 이름으로 기도합니다. 아멘

내 앞에 놓인 선한 일들을 알아야 할 때

기록된 바 하나님이 자기를 사랑하는 자들을 위하여 예비하신 모든 것은 눈으로 보지 못하고 귀로 듣지 못하고 사람의 마음으로 생각하지도 못하였다 함과 같으니라… 우리가 세상의 영을 받지 아니하고 오직 하나님으로부터 온 영을 받았으니 이는 우리로 하여금 하나님께서 우리에게 은혜로 주신 것들을 알게 하려 하심이라 _ 고전 2:9, 12

하나님은 우리의 기대보다 더 많이 우리를 위해 예비해 두셨다. 성경이 그렇게 말씀한다. 사실 우리의 기대치는 풍파 많은 이 세상에 살아남는 것만도 기적이라고 한탄할 만큼 낮기만 하다. 그러므로 부탁하건대 눈을 들어 하늘을 보라. 하나님이 우리를 위해 예비하신 것들을 상상해 보라. 진실은 이렇다. 우리가 인생의 나락에 있을지라도 우리에게는 소망이 있다. 하나님이 우리의 인생을 주관하고 계시기 때문이다. 실제로 이 삶을 끝내고 주님께로 가면, 인생에서 너무나 많은 것을 걱정하느라 너무나 조금만 기도했다는 사실에 깜짝 놀랄 것이다.

그러므로 아내로서 당신의 마음에 자리 잡은 한숨이 얼마나 크고 깊던지 간에 희망을 잃지 말라. 심지어 현재의 상황이 파국으로 치닫는 속수무책의 상황이라 할지라도, 소망이 결코 끊어지지 않는다는 사실을 기억해야 한다. 당신 앞에 놓인 위대한 일들을 이해하려면 당신 안에 성령님이 계셔야만 한다. 그분의 역사 없이는 당신에게 예비 된 축복이 제한된다.

성령님은 축복이라는 거대한 공간을 향해 당신의 인생 문을 활짝 여실 것이다. 개인의 삶과 부부로서의 인생에 상상할 수 있는 최대치를 훌쩍 뛰어넘는 거대한 축복이 준비되어 있다. 주님 안에 사는 사람에게 최선은 아직 오지 않았다. 기도와 예배를 통해 하나님께 가까이 가고 날마다 그분을 신뢰하기로 결정하면, 당신 앞에 놓인 위대한 축복에 대해 그분이 직접 말씀해 주실 것이다.

주님, 제게 볼 수 있고 상상할 수 있는 것 이상의 비전을 주시기를 기도합니다. 그리하여 나그네 된 이 삶과 주님과 함께하는 본향에서의 삶에 대한 이해가 날마다 자랄 수 있게 하옵소서. 저를 위해 예비하신 축복을 더 잘 이해하도록 하여 주시고, 어떤 상황에서도 결코 소망이 사라지지 않음을 확신하게 하소서.

고통과 어려움을 찾는 데 익숙해진 저희의 눈을 들어 위를 보게 하시고, 주님과 주님의 약속을 품게 하여 주옵소서. 주님을 믿음으로 인하여 희망이 용솟음치게 하여 주소서. 저희가 직면하고 있는 이 난관이 크고 고통스럽지만 주님의 나라에는 어려움과 고통이 없음을 신뢰합니다. 저희의 갈등이 깊고 심각하여서 해결할 방법이 아득할지라도 주님은 해결책을 알고 계심을 믿습니다. "우리 가운데서 역사하시는 능력대로 우리가 구하거나 생각하는 모든 것에 더 넘치도록 능히 하실" 주님(엡 3:20), 세세무궁토록 영광을 받으시옵소서. 예수님의 이름으로 기도합니다. 아멘

사명선언문

너희가 흠이 없고 순전하여……세상에서 그들 가운데 빛들로
나타내며 생명의 말씀을 밝혀 _ 빌 2:15-16

1. 생명을 담겠습니다
만드는 책에 주님 주신 생명을 담겠습니다.
그 책으로 복음을 선포하겠습니다.

2. 말씀을 밝히겠습니다
생명의 근본은 말씀입니다.
말씀을 밝혀 성도와 교회의 성장을 돕겠습니다.

3. 빛이 되겠습니다
시대와 영혼의 어두움을 밝혀 주님 앞으로 이끄는
빛이 되는 책을 만들겠습니다.

4. 순전히 행하겠습니다
책을 만들고 전하는 일과 경영하는 일에 부끄러움이 없는
정직함으로 행하겠습니다.

5. 끝까지 전파하겠습니다
모든 사람에게, 땅 끝까지, 주님 오시는 그날까지
복음을 전하는 사명을 다하겠습니다.

서점 안내

광화문점 종로구 신문로 1가 58-1 구세군 회관 2층(110-061)
           Tel 02)737-2288 | Fax 02)737-4623

강 남 점 서초구 잠원동 75-19 반포쇼핑타운 3동 2층 전관(137-909)
           Tel 02) 595-1211 | Fax 02) 595-3549

구 로 점 구로구 구로 3동 1123-1 3층(152-880)
           Tel 02) 858-8744 | Fax 02) 838-0653

노 원 점 노원구 상계동 749-4 삼봉빌딩 지하1층(139-200)
           Tel 02) 938-7979 | Fax 02) 3391-6169

분 당 점 경기도 성남시 분당구 서현동 273-1 대현빌딩 3층(463-824)
           Tel 031) 707-5566 | Fax 031) 707-4999

신 촌 점 마포구 노고산동 107-1 동인빌딩 8층(121-806)
           Tel 02) 702-1411 | Fax 02) 702-1131

일 산 점 경기도 고양시 일산구 주엽동 83번지 레이크타운 지하 1층(411-370)
           Tel 031) 916-8977 | Fax 031) 916-8788

의정부점 경기도 의정부시 금오동 470-4 성산타워 3층(484-010)
           Tel 031) 845-0600 | Fax 031) 852-6930

인터넷서점 www.lifebook.co.kr